동일본대지진과 핵재난 — 와세다 리포트 8

빠르고 적절한 구조와 지원을 위하여

초동체제 가이드라인 제안

나카무라 다미오
中村民雄 편저
홍윤표 옮김

고려대학교출판부
KOREA UNIVERSITY PRESS

早く的確な救援のために: 初動体制ガイドラインの提案
中村民雄 編著

차례

서장

과제 — 자원봉사자와 자치단체 간의 효과적인 초동 대응 연계

2011년 3월 25일 이시노마키시石巻市의 쓰나미 피해(사진: 스즈키 다쿠미)

나카무라 다미오中村民雄

1. 좀 더 빠르고 적절한 지원은 불가능한가?

2011년 3월 11일에 발생한 동일본 대지진과 쓰나미로 이바라키茨城, 후쿠시마福島, 미야기宮城, 이와테岩手 등 넓은 지역에 걸쳐 대규모 재해가 일어났다. 쓰나미가 마을과 사람들을 삼키고 쓸어 버린 비참한 광경은 텔레비전과 인터넷을 통해 반복적으로 전 세계에 전해졌다. 곧바로 자위대가 파견되었고, 미군도 합류하여 실종자 수색, 위성전화 연결, 물자 수송, 공항과 도로의 잔해 제거, 이재민 식사 제공 등 헌신적인 지원을 시작하였다.[1] 세계 각지와 전국에서 보

1 《동일본 대지진 자위대·미군 전기록東日本大震災 自衛隊·アメリカ軍全記録》(ホビージャパン, 2011年), 스도 아키라須藤彰, 《자위대 지원활동 일기—도호쿠지방 태평양 지진 현

낸 물자가 피해지역에 도착하였고, 자원봉사자가 차례차례 끊임없이 모여들었다.

하지만 피해지역은 그 이후로도 거의 2주간이나 혼란을 겪고 있었다. 각 주민센터의 공무원도 재해를 입었으며 자치단체의 재해대응 능력도 상당 부분 상실되었다. 공공기관이 쓰나미로 전멸한 곳도 있었다.[2] 구원물자가 곧바로 도착하지 못했으며 이재민은 추위에 떨었다. 주먹밥을 서로 나눠 가며 '이쪽은 가솔린이 필요하다', '저쪽은 식료품이 필요하다' 등등 트위터나 인편으로 분주하게 소식을 전했다. 도로도 통신도 단절되어 일주일 가까이 고립무원에 빠진 사람도 있었다. 반면에 지원물자는 여기저기 산처럼 쌓여 적체되고 있었다. 개인 자원봉사자들은 어느 지역에 어떤 도움이 필요할지 몰라서 막연한 짐작으로 현지에 가거나 자원봉사센터가 세워진 곳에 일단 가 보는 수밖에 없었다. 의료, 간호, 재해지원 등의 전문적 능력을 지닌 자원봉사단체나 그 리더들 중에는 재해 직후 곧바로 피해지역에 들어가 각자의 판단으로 거점을 두고 활동을 시작하는 사람도 있었지만, 그렇지 않은 사람들은 그 지역의 피해 정보를 충분히 파악할 수가 없어 보고 들을 수 있는 범위 한에서 판단할 수밖에 없었다.[3]

장에서自衛隊救援活動日記 —東北地方太平洋地震の現場から》(扶桑社, 2011年) — 저자 주(이하 표기 생략함).

2 도바 후토시戸羽太, 《피해지역의 진짜 이야기를 해 보자—리쿠젠타카타시장이 기록한 그날과 미래被災地の本当の話をしよう—陸前高田市長が綴るあの日とこれから》(ワニブックス, 2011年).

3 지진 직후 1개월간의 움직임에 대해서는 다음 책을 참조할 것. 《가호쿠신보 특별축쇄판 3·11 동일본 대지진 1개월의 기록河北新報特別縮刷版 3·11東日本大震災1カ月の

재해는 비상사태이기 때문에 혼란을 피할 수는 없다. 드물게 일어나는 광범위한 대재해는 특히 더 그럴 것이다. 하지만 초동 지원의 혼란은 최소한에 머물러야 한다. 혼란으로 곤란을 겪는 것은 이재민들이기 때문이다. 이재민은 '24시간 이재민'(도바 후토시戸羽太·리쿠젠타카타시장陸前高田市長)이기 때문에,[4] 지원은 빠르고 적절할수록 좋다. 단체나 개인의 자원봉사 능력이 충분히 발휘될 수 없다면 이것도 사회적 손실이다.

동일본 대지진의 부흥과정에서는 사람과 사람의 '유대감'이 강조되어 사람들이 연대하여 재해를 극복하는 것을 사회의 미덕으로 인식하게 되었다. 하지만 이 아름다운 말의 뒤에는 해결해야 할 과제가 남겨져 있다. '유대감'은 지원 성과로 결실이 맺어져야만 이재민들이 실감할 수 있다. 그것을 믿으면 구원이 온다고 하는 주술이 아니다. 성과가 나와야만 '유대감'이 존재하는 것이고 성과를 가져오기 위해서는 그 나름의 궁리와 노력이 필요하다. '유대감' 뒤에 남겨진 과제란, 초동기간(최초 1개월)의 혼란을 최소화하고, 모인 물자나 도움을 이재민의 요구에 적합하게 재빨리 제공할 수 있는 실천적 성과를 얻기 위한 방안을 마련하는 것이다.

그래서 재해 직후의 긴급사태가 지나간 현재도 어떻게 하면 초

記録》(竹書房, 2011年), 아사히신문사편朝日新聞社編, 《아사히신문 축쇄판 동일본 대지진 특별지면 모음 2011.3.11.-4.12朝日新聞縮刷版 東日本大震災 特別紙面集成 2011.3.11.-4.12》(朝日新聞社, 2011年), 요미우리신문사편読売新聞社編, 《요미우리신문 특별 축쇄판 동일본 대지진 1개월의 기록読売新聞特別縮刷版 東日本大震災 1カ月の記録》(読売新聞社, 2011年).

4 도바戸羽, 앞의 책, p.157.

동기간의 불필요한 혼란을 줄일 수 있을까 생각해야만 한다. 혼란 중에서도 훌륭한 실천을 한 예가 있다면 거기에서도 배워야 할 것이다. 오늘날 일본 사회에는 이미 개인이나 단체 자원봉사가 다양하게 많이 존재한다. 이런 사회 상황에 적합한 초동 지원의 효과적인 방식을 모범적인 실천 예에서 배우고 모두 공유하여 장래에 대비하는 것. 이것이 바로 재해의 교훈을 살려 전진하는 사회의 바람직한 모습이 아닐까. 그것을 이 책에서 시작하고 싶다.

2. 왜 초기에 혼란이 있었을까?

1) 방재국가 일본의 맹점

일본은 방재국가로 관계 법령이 상당히 잘 정비되어 있으며 방재에서 지원까지 공공기관의 활동체제가 잘 갖춰져 있다. 또한 이를 위한 법령이 다수 존재한다.[5] 특히 중심이 되는 재해대책기본법은 재해 예방과 재해발생 시의 초동 지원에서부터 중장기 부흥에 이르기까지 누가 무엇을 하고 책임을 지는지를 정하고 있다. 동 법에 의하면 방재 대책으로 국가와 현県은 물론, 주로 시정촌市町村[6]이 평소에 '방재계획'을 세워 관련 부서의 초동 역할을 구체화하고(필요에

5 상세한 내용은 이쿠타 오사토편生田長人編, 《방재법과 시스템防災の法と仕組み》(東信堂, 2010年) 참조.

6 일본의 지방행정구역으로 기초자치단체인 시市, 정町, 촌村을 말한다. 한국의 시, 읍, 면에 해당한다—옮긴이.

따라 지역의 민간기업 등과 방재목적의 협정을 교환), 그리고 지역시민에 대해서도 '자주방재조직' 만들기를 권장하는 것으로 되어 있다. 또 재해 시의 초동 지원에 대해서는 자치단체(시정촌, 현)가 재해대책본부를 발족하여 경찰, 소방, 자치단체의 담당 부서가 각각의 권한을 가지고 구조, 지원 활동에 임한다. 대규모 재해의 경우에는 국가도 재해대책본부를 설치하고 광역 지자체 간의 의견을 조정하면서 자위대도 파견하여 구조활동을 전개한다. 이러한 법령상의 시나리오는 명확하게 정해져 있으며, 평소부터 국가, 현, 시정촌 등은 각각의 역할에 따라 재해에 대비하고 있다.

그러나 동일본 대지진이 일어났을 때, 피해지역의 초동 지원은 혼란스러웠다. 이는 지진, 쓰나미 피해가 너무나 광범위하고 대규모였기 때문인데, 바로 그것이 관계 법령과 방재계획, 자치단체 실무상의 맹점을 찔렀다. 초동 지원의 혼란은 법령상의 제도나 실무의 맹점에서 생긴 것이다. 그렇다면 특히 중요하다고 생각되는 맹점을 살펴보도록 하자.

2) 최악의 시나리오의 결여

첫 번째 맹점은 법령도 방재계획도 상당수 자치단체의 행정기관이 지진과 쓰나미로 괴멸하는 극단적인 사태까지는 상정하고 있지 않았다는 점이다. 재해가 닥쳤을 때는 시정촌이 최전선에 서서 재해대책의 중심적인 역할을 담당한다고 상정하고 있다. 하지만 적지 않은 시정촌의 사무소가 통째로 소실되었고 현청縣庁 또한 상당한 피해를 입은 대재해 상황에서의 지원체제는 법령에서도, 실무적인 면에서도 불명확하였다.

분명 법령은 지자체만으로 재해대책이 불가능할 때는 다른 지자체가 협력하고, 또 현과 국가가 필요에 따라 지원에 들어간다고 정하고 있다. 그러나 실무상 최전선에 있는 지자체가 괴멸되는 상황까지는 상정하고 있지 않았고, 따라서 현이 복수의 지자체 업무 대부분을 긴급하게 대행하는 대책까지 고려한 방재계획은 없었다.

게다가 법령상 국가와 현의 역할분담이 불명확하였기 때문에 기능을 상실한 자치단체의 구체적인 재해대책업무 중 어느 것을 누가 해야 하는지를 둘러싸고 시, 현, 국가 간의 책임 미루기와 관할 다툼이 생겼다.[7] 그리고 '상정' 외의 사태에 행정기관이 어떻게 대응해야 하는가에 대한 법학계의 논의도 부족하였고, 공무원의 연수도 없었으며 사회 전체의 준비 또한 부족했다. 그 결과 '지금의 법률로는 무리'라는 말에 그치고, 어떠한 대안도 제시하지 못하는 비건설적인 대응이 계속되었다.[8]

또 피해지역 지자체는 평소에 다른 자치단체와 광역협력협정 및 긴급 시 협력협정 등을 준비할 수도 있었지만 충분하게는 하지 못했다. 동일본 대지진의 경우 가만히 보고 있을 수만은 없었던 먼 곳의 자치단체가 자발적으로 협력을 제의했지만, 앞으로는 인근 자치단체뿐만이 아니라 멀리 있는 자치단체와의 협력도 시야에 넣는 방재계획이 필요하다는 것을 뼈저리게 느끼게 되었다.

모든 상황을 상정하라고 하는 것은 분명 무리한 주문이다. 그

7 구체적 예는 도바戸羽, 앞의 책, p.83, p.94.
8 도바戸羽, 앞의 책, p.78.

러나 자치단체까지 괴멸적으로 피해를 입어 기능을 상실한 사태는 더 이상 '상정 외'라고는 말할 수 없다. 더욱이 이와 관련해서 말하자면 동일본 대지진 후에 초동 지원이 늦어진 것에 대해 피해지역 자치단체를 비판하는 목소리도 있었는데, 이는 너무나 가혹하다. 왜냐하면 자치단체도 피해자였기 때문이다. 쓰나미는 정장町長[9]의 목숨도 앗아갔고, 방재 무선 담당 직원을 삼켰으며, 시청 건물을 무너뜨렸다. 비판하고 극복해야 할 것은 오히려 그러한 대참사에 대한 대응을 상정하지 않았던 우리 사회 전체의 부주의함이다. 그렇기 때문에 자치단체가 피해를 입고 공적 기능을 상실하는 사태를 맞이하여도 공공기관과 사람들이 서로 협력하여 피해지역의 사람들과 자치단체가 빨리 다시 일어설 수 있도록 하는 방책을 평소부터 연습하고 준비해 두어야 할 것이다. 건전한 '회복 가능한 사회(resilient society)'를 만들기 위해 재해대책 법령 및 공무원 연수, 자원봉사, 그리고 기업과 자치단체의 연계에 이르기까지 재해 초동 대응의 바람직한 방식에 대해 재검토와 개선을 도모해야 할 것이다. 이는 국가, 현, 시의 과제이며, 넓게는 우리들 주민과 기업도 포함한 '사회'의 과제이기도 하다. 이 책도 그 한 면을 다룰 것이다.

3) 허술했던 정보수집, 발신 체제

두 번째 맹점은 재해 직후 지원정보의 수집, 발신에 있어서 제도 구축과 대책이 허술했다는 점이다. 법령, 각 지자체의 방재계획, 방재

9 일본의 행정구역 정(町, 일본어 발음은 '초')의 장, 한국의 동장, 읍장에 해당함—옮긴이.

실무 모두가 지금까지 상정해 왔던 것은 그 지역의 시정촌, 현 등 재해 대책을 실시하는 공공기관이 정보를 수집할 수 있다는 시나리오였다. 공공기관이 다수 괴멸하거나 또는 공공기관의 정보수집 기능을 넘어선 규모의 재해가 생겼을 때 초동 지원을 하기 위한 대량의 피해 정보를 누가 어떻게 모으는가에 대해서는 명확한 기준이 없었다.

그래서 동일본 대지진 직후에 일어난 것은 진위가 엇갈린 정보의 범람과 착종이었다. 아쉽게도 허위 정보도 흘러나왔다. 제대로 된 정보를 전달하기 위해 전언傳言 다이얼 171[10]을 비롯하여 행방불명자의 안부 정보에 대한 인터넷 게시판도 몇몇 생겼지만, 난립하였을 뿐이고 이들의 상호 정보교환이나 정보정리가 있었던 것은 아니었다. 그 결과 이재민도, 타지역 사람들도 전언 서비스와 인터넷 게시판뿐만 아니라 트위터나 페이스북, 텔레비전, 라디오, 신문 등 이용할 수 있는 모든 통신수단을 이용하여 사람 및 물자, 서비스 정보를 찾아 나서야만 했다. 게다가 정보는 상황 변화에 따라 갱신되어야만 도움을 받을 수 있는데, 게시된 정보 대부분이 갱신도 되지 않고 방치되어 시간이 지남에 따라 정보게시판은 단지 잡다한 게시판에 지나지 않게 되었으며 거기에 있는 정보의 신뢰성과 사용가치도 낮아지게 되었다.

피해지역의 지원 현장에서도 필요한 정보의 수집이 곤란했다. 어느 지역에 사람과 주택의 피해가 크고 어디의 누가 행방불명인

10 재해발생 시 통화가 불통되는 것에 대비하여 녹음 메시지를 남기는 서비스. 171의 일본어 발음과 가까운 '이나이'('없다'라는 뜻)라는 별칭을 붙였다—옮긴이.

가. 누가 어디에 피난하고 있는가. 누가 자택에 남겨져 있는가. 예정된 피난소 외에 사실상 이용할 수 있는 피난소는 어디에 있는가. 각 피난소에는 몇 명 있으며, 어떠한 도움과 물자를 필요로 하고 있는가. 개인이나 단체가 각종 지원물자를 보내고 싶다고 한다면 어디에 무엇을 언제 보내면 좋을까. 피해지역에 도우러 간다고 한다면 어떤 길을 이용할 수 있는가. 지금 자위대, 소방대, 경찰은 어느 길을 어떻게 규제하고 있으며, 잔해 철거작업 등을 하고 있는가. 이런 정보는 모두 지원을 효율적, 효과적으로 하기 위해 필요한 것이지만 시시각각 변하기도 한다. 갑작스런 대재해라는 긴급한 상황에서도 신뢰성이 높은 정보를 수집하고, 효율적으로 정리, 갱신하여 전국, 전 세계를 향해 정확하게 전달한다는 목표를 어떻게 하면 실현할 수 있을까. 조금이라도 이 목표에 근접할 수는 없을까. 이제까지 이런 것들을 고민하지 않았다.

대부분 피해지역에서 재해발생 이후 10일 정도는 정보수집이 특히 곤란하였다. 자위대와 미군은 현장 순회나 바다 및 하늘에서의 관찰을 포함, 정보수집에 최선을 다했다. 한걸음에 달려온 자원봉사단체도 정보수집에 고생하고 있었다. 어떤 단체는 피해지역을 분담하여 걸어다니면서 이재민 피난장소와 사람 수, 필요 물자 등의 정보를 수집했다. 또 어떤 단체는 태블릿 PC 단말기를 배포하여 이재민에게 필요한 것을 입력받았으며, 인터넷을 통해서 정보를 수집했다. 하지만 이런 정보가 어딘가에 집약되어 공유되는 것은 처음엔 어떤 피해지역에서도 불가능했다.

이렇게 초동 지원에 필요한 정보수집, 정리, 집약, 갱신이 만족스

럽지 못했고, 정보 발신도 불충분했다. 그 결과 각종 준비 부족, 불만, 예기치 못한 상황 등이 발생했다. 이재민에게 빠르고 적절한 도움과 지원 물자를 제공할 수 없었다. 지원 물자는 산처럼 쌓여 갔다. 많은 개인과 단체 자원봉사는 그들이 가지고 있는 능력을 살릴 수 있는 장소를 신속, 정확하게 알 수 없어서 충분히 능력을 발휘할 수 없었다. 정보가 없는 상태에서 달려온 의욕 넘치는 개인 자원봉사자들을 되돌려 보낸 피해지역도 있었다. 반면에 매스컴에 보도된 피해지역에는 많은 개인 및 단체 자원봉사자가 쇄도했다.

이러한 준비 부족, 불만, 예기치 못한 상황의 발생 등은 지원에 필요한 정보수집, 정리, 갱신, 전국으로의 발신 시스템이 있다면 상당 부분 해소된다. 가령 시정촌이 괴멸한다 하여도 살아남을 수 있는 정보시스템, 혹은 괴멸되어도 곧바로 재건, 신축할 수 있는 정보시스템, 이런 것들이 앞으로 고민해야 할 과제이다. 이 기술적 과제는 이 분야의 전문 기업이나 연구자, 국가의 관계 부서가 앞으로 기울일 공동 노력에 기대하고 싶다.[11] 이 책에서 주로 다룰 것은 다음에 말할 세 번째 맹점에 대한 대책이다.

---

11 동일본 대지진 때 일본 마이크로소프트사와 페이지원사가 연계하여 피난소 운용을 원활하게 하는 '지진부흥지원시스템'이라는 프로그램을 제공한 예가 있다. 이 밖의 연구로 미야자키 겐야宮崎賢哉, 〈재해 자원봉사자 운영지원에 관한 연구보고—재해 자원봉사자 활동지원 SNS의 가능성災害ボランティアコーディネート支援に関する研究報告—災害ボランティア活動支援SNSの可能性〉, 일본자원봉사자운영협회 편日本ボランティアコーディネーター協会編, 《자원봉사자 운영백서 2010-2012년판ボランティアコーティネーター白書 2010-2012年版》(2011年), pp.77-81, 등이 있다.

4) 공공기관과 자원봉사의 연계 부족

세 번째 맹점은 자원봉사와 기업의 공익활동 활용 부족, 공익활동을 하는 개인과 공공기관의 연계 방안에 대한 고민 부족이다.

재해대책에 관한 각종 법령도 방재계획도 실무도 모두 공공기관에 의한 재해 구조, 지원활동을 그 중심에 놓고 있다. 이는 정당한 것이다. 인명을 지키고, 질서를 유지하는 것은 국가를 형성하는 이유이다. 그러나 사적 주체(공공기관이 아닌 단체나 개인)도 구조, 지원 등의 공익활동 의사와 능력이 있으며, 이들을 사회가 전향적으로 활용하려는 노력이 결여되어 있는 것이 현실이다. 특히 단체나 개인의 자원봉사를 유효하게 활용하려는 노력과 기업이 사회적 책임(CSR)으로 솔선하여 제공하는 원조 물자, 서비스, 인력을 활용하려는 노력이 부족했다. 재해 이후 1주일이 경과한 시점부터 대량으로 현지에 도착한 개인 재해복구 자원봉사자들을 효율적으로 조직해 운영하는 노하우나 일상적인 인수 훈련이 각 자치단체에 거의 보급되어 있지 않았다. 1995년 1월 17일에 일본 간사이關西 지방에서 발생한 한신·아와지 대지진阪神·淡路大震災의 교훈으로 이미 그런 노력의 필요성이 주장되었음에도 불구하고 말이다.[12]

방재 관련 현행 법령하에서의 방재계획과 자치단체의 실무는 한신·아와지 대지진 이후 재해지원 면에서 일본에 생겨나고 있는 사회의 두 가지 변화를 받아들여 충분히 활용하고자 하는 노력이 결여되어 있다.

12 효고현兵庫県, 《전하자 한신·아와지 대지진의 교훈伝える 阪神·淡路大震災の教訓》(ぎょうせい, 2009年), pp.214-215.

첫 번째 변화는 재해 시의 자원봉사활동의 확장, 보다 일반적으로는 개인 공익활동의 법적 인지와 사회적 정착이다. 1995년 한신·아와지 대지진은 '자원봉사 원년ボランティア元年'이라 불렸다. 지진 직후 1년 동안 연인원 138만 명의 사람들이 피해지역 지원에 참여했다.[13] 여기서 '재해 자원봉사災害ボランティア'라는 말도 생겨났다. 1998년에는 NPO법(특정 비영리활동 촉진법)도 제정되었고, 다양한 자원봉사단체가 조직되어 국내와 해외에서 활동하게 되었다. 2000년도 국민생활백서는 〈자원봉사가 만들어 낸 좋은 인연ボランティアが深める好縁〉이라는 제목의 특집을 편성해, 일본 내 자원봉사활동의 확장을 상세하게 보고했다. 2010년대에 들어선 지금, 자원봉사활동은 개인이든 단체든 사회적으로 유의미한 활동으로 정착되었다. 내각의 통계에 따르면 2011년 말 현재 '의료·보건·복지'를 비롯하여, '마을 만들기', '어린이 건전 육성', '직업능력 개발', '재해지원', '국제협력'에 이르기까지 다양한 테마를 아우르는 NPO법인이 44000여 개 등록되어 있다.[14] 지금도 다수의 개인과 단체 재해 자원봉사자들이 동일본 대지진 피해지역에 가서 활동하고 있다.

두 번째 변화는 인터넷 보급으로 유동적이고 동태動態적인 집단

13 효고현兵庫県, 앞의 책, p.214. 아쓰미 도모히데渥美公秀, 〈재해 자원봉사자의 14년災害ボランティアの14年〉, 스가 마시호·야마시타 유스케·아쓰미 도모히데 편菅磨志保·山下祐介·渥美公秀編, 《재해 자원봉사론 입문災害ボランティア論入門》(弘文堂, 2008年), p.86.

14 내각부内閣府, 〈특정비영리 활동 촉진법에 입각한 신청수리 및 인증, 불인증 수特定非営利活動促進法に基づく申請受理数および認証数, 不認証数等〉(https://www.npo-homepage.go.jp/data/pref.html 2012.1.20. 열람).

형성이 가능하게 된 점이다. 방재 관련 법령은 평소 그 지역 주민들의 '자주 방재 조직' 만들기를 추진한다고 하는 정착형 정태靜態적 조직도를 그리고 있다. 하지만, 무언가 일정 사안이 발생했을 때, 트위터나 페이스북을 통해 사람들을 서로 독려해 특정 일시에 참여 가능한 사람이 참여 가능한 장소에 모여 자신이 찬성하는 사안에 대해 행동을 함께하는, 이동적, 유동적, 동태적인 이른바 '유사시 행동'형 집단도 형성 가능하다. 재해지원으로 관련 지어 말하자면, 유동적이고 동태적인 집단 형성은 특히 개인 재해 자원봉사 지원자에 해당할 것이다. 이런 개인은 대부분이 재해지원 경험도 없고, 평소 자신의 일과 업무를 가지고 있지만 무언가 이재민과 피해지역에 도움이 되고 싶다고 생각하는 사람들이다. 이런 개인은 평소 자주 방재 조직에 소속될 정도로 사회에 깊이 관여하고 싶어 하지는 않는다. 하지만 마음이 움직였을 때는 인터넷의 정보를 보고 가능한 범위 안에서 "자 피해지역으로 가자" 하고 마음을 먹을 것이다. 이런 개인들을 모을 수 있는 스마트폰과 같은 정보통신 수단이 지금은 존재하고 있다.

이상의 두 가지 큰 사회 변화를 염두에 둔다면, 현행 법령, 제도 하에서도 재해의 초동 지원에서 중기적인 부흥 지원에 이르기까지 개인의 힘을 적절하게 공익활동의 일부로 포함시킬 수 있지 않을까? 보다 일반적으로 말해서, 개인의 공익활동을 공익활동으로 인지하고 그것을 공공기관의 활동과 정합적으로 연계시키는 것이 가능하다고 한다면, 초동 단계에서부터 보다 빠르고 적절하게 피해지역에 대한 지원을 할 수 있지 않을까?

3. 자원봉사의 힘

왜 자원봉사는 사회에 유의미한 것일까. 여기에서 일반론을 반복할 생각은 없다. 단도직입적으로 재해지원에 대해 말하자면, 개인의 다양한 취미와 재능이 사회를 위기에서 구하고자 할 때 유효하게 활용할 수 있기 때문이다. 자위대, 경찰, 소방, 자치단체 등의 각 부서 공공기관은 법령이 정한 활동밖에 할 수가 없고, 그 이상의 활동을 해서도 안 된다. 재해 대책 기본법을 읽어 보면 상당히 광범위한 구조, 지원활동을 공공기관이 담당하고 있음을 알 수 있다. 그러나 재해 지역의 요구는 시시각각 변하며 또 다양하다. 물론 적법한 범위여야 하겠지만, 개인 자원봉사는 자신의 다양한 취미나 능력을 활용하여 생각지도 않은 곳에서 유연하고 다양하게 사람들을 도울 수 있다.

동일본 대지진의 예를 몇 가지 들어 보겠다.

- 이시노마키石巻에서는 시코쿠四国의 카누 교실 리더가 전국 카누 애호가들을 모아 자원봉사 모임 '카누대隊'를 결성했다('유사시 행동'형 집단). 그리고 휩쓸려 간 굴 양식용 부표와 망을 회수했다.
- 대형 중장비 운전면허를 가진 건설작업원은 먼저 큰 잔해물의 정리를 한 다음, 가옥의 진흙을 청소하는 사람들을 위해 진로를 열어 주었다.
- 건축가는 피난소에 종이 파이프로 칸막이를 하고, 커튼을

달아 이재민들의 프라이버시를 지킬 수 있게 하였다.

- 대학생은 여유 시간을 이용하여 피난소의 초등학생과 중학생에게 공부를 가르치고 놀이 상대가 되어 주었다.
- 자전거 점포를 하는 상인들은 재난지역에서 펑크 수리 등의 자전거 수리를 무상으로 실시하였다.
- 호텔 요리장은 근무가 없는 날에 대학생들과 함께 재난지역에 가서 고기가 먹고 싶다고 하는 이재민들에게 쇠고기 덮밥을 제공하였다.
- 자원봉사활동을 돕는 자원봉사도 있었다. 정리정돈을 잘하는 젊은이들은 자원봉사자들의 숙소에 있는 선반에 라벨을 붙여 무엇을 어디에 놓았는지를 표시했다. 이렇게 해서 자원봉사자가 바뀌어도 숙소의 물자와 도구의 질서가 유지되었다.

이들은 모두 자신이 할 수 있는 만큼의 일을 했을 뿐이지만 다양한 취미와 능력을 가진 사람들이 모여 가지고 있는 힘과 능력을 유연하게 발휘할 수 있다는 점이 바로 자원봉사의 힘과 매력이다. 자발적으로 제공되는 이러한 다양한 힘을 유효하고 적절하게 활용해야 한다. 물론 의료나 간호와 같은 전문 기능 자원봉사단체도 있으며, 이 경우에는 전문 기능이 공공기관의 활동을 보완하는 형태로 발휘된다.

4. 자원봉사의 과제

그러나 자원봉사라고 하면 곧바로 부정적인 측면을 지적하기도 한다. 개인 자원봉사에 대해서 모두가 그런 것은 아니지만, 이런 얘기를 하기도 한다. 예를 들면 개인 자원봉사는 경험이 부족한 사람이 많고 현장 작업에 방해가 된다. 자원봉사는 스스로 해결하는 것이 철칙인데도 자활수단을 준비하지도 않고 무작정 온다거나, 무질서하게 텐트를 쳐서 그 지역에 민폐를 끼치는 등 제멋대로인 사람이 많다. 자기 형편에 맞춰 오는 사람들이어서 신뢰할 수 없다. 언제까지 봉사해 줄지 몰라서 하루하루 작업 계획을 세우기 어렵다. 단체에 속하지 않는 개인 자원봉사자가 다수 있을 때, 해당 재난지역에 자원봉사자들을 대하는 것에 익숙한 적임자가 없으면 제대로 지휘할 수 없어서 자원봉사자를 잘 활용할 수 없다. 이와 같은 고충이 종종 들려온다.

또한 단체 자원봉사에 관해서도 이런 얘기들을 한다. 능력이 제각각이어서 재해지원에 프로급 능력을 지닌 단체도 있는 반면, 그렇지 않은 단체도 있다. 이것이 일목요연하지 않아 초동 단계에서 어느 단체를 어디까지 신용해야 하고 협력과 도움을 받을 수 있을지 판단하기 어렵다. 단체마다 집단 기질과 행동 스타일이 다르다. 각 단체가 각자의 고유 목적과 행동원칙에 따라 우선순위를 매겨 활동하고 있기 때문에 그 지역 사람들의 요청에 따른 활동이 이뤄지지 않는 경우도 있다. 비슷한 단체가 생각과 이해관계의 차이 때문에 상호 협력하지 않고 제각각 경쟁하듯이 행동하여 지원 효율이 떨어지기도 한다. 이러한 것들이 종종 부정적 측면으로 지적된다.

기업의 '사회적 책임'을 위한 공익활동에 대해서도 재난지역이 필요로 하지 않는 물자를 대량으로 보내온 기업이 있어 곤란하다는 목소리도 있다.

이와 같은 것들은 정당한 지적이기도 하지만, 단편적이며 부당한 평가이기도 하다. 이 모든 것들이 부정적인 것이라고 일괄적으로 말할 수는 없다. 예를 들면 이렇다. 재난지역이 필요로 하지 않는 물자를 기업이 대량으로 보낸 것은 재난지역의 정보가 적확하게 발신되지 않았기 때문이기도 하다. 자원봉사단체의 이해관계와 생각의 차이가 있어서 상호 협력하지 않는 것은 가끔 일어나는 현상에 지나지 않으며, 통상적으로는 단체가 상호 연계할 수 있다(본서 제1장, 제2장 참조). 설령 협력하지 못한다고 해도 재난지역의 지원 요구가 다양하다는 것은 각 단체별로 개별 행동을 해도 괜찮은 경우도 많다는 것이다. 또 단체의 원칙과 의도 때문에 그 지역의 요구에 응할 수 없는 일이 있다고 해도 그것이 항상 나쁘다고는 말할 수 없다. 자원봉사가 그 지역의 모든 요구를 충족시켜야 한다고 기계적으로 말할 수는 없다. 예를 들면 이재민이 의료 자원봉사자에게 이재민이 지진 때 당한 부상 치료를 넘어 평소에 앓고 있던 병의 치료까지 요구한다면, 그것은 더 이상 자원봉사의 역할은 아니라고 판단해도 정당할 것이다. 또 개인 자원봉사자가 자기 형편에 맞춰 왔다가 돌아가는 것을 비난하는 것도 이치에 맞지 않는다고 할 수 있다. 개인 자원봉사자는 원래 자기 형편에 맞춘 날짜와 기간밖에 참가할 수 없다. 그래서 오히려 그 성질과 한계를 인지하고 효과적으로 활용하는 기법을 개발해야 한다. 또 현지 개인 자원봉사자의 행동에 관해서도, 그들이 무질서한 무리로 보일지 몰라도 예를 들어 5인 1조가 되어 팀장을 정해 행동하게 하면 질서가 생기게 된다. 경험이 없는 개인 자원봉사자도 일정 기간 체재하고 활동하게 되면 경험자가 된다. 현장에서의 작업 내용을 명확하게 하고, 요령을 리더가 알려주면 미경험자도 능숙하게 된다. 이와 같이 부정적으로 얘기되어 온 것들도 전적으로 부정적인 것만은 아니다.

반면 분명 재난지역에 도움이 되지 않는 자원봉사자들의 행동도 있을 수 있다. 자활수단을 준비해 오지 않는다던지 생활태도, 행동규율이 흐트러져 있는 자원봉사자는 그 지역의 민폐가 된다. 또 잘 하려고 생각해서 너무 지나친 활동을 하는 것도 경우에 따라서는 그 지역 경제에 도움이 안 된다. 예를 들면 잔해 철거나 진흙 청소를 넘어 정원 정리나 집 수선까지 무상으로 하는 경우 원예업자나 건축업자의 일을 빼앗는 경우가 될 가능성도 있다. 단체 자원봉사의 경우에는 개인과 달리 중장기에 걸쳐 재난지역에 머물러 지원할 것이라는 확약(commitment)을 그 지역 관계자에게 명확하게 전하고 신뢰를 얻어야 할 것이다.

그래서 자원봉사의 과제는 자원봉사 지원자에게, 또 사회 일반에 대해서도 자원봉사활동의 기본이 되는 룰을 분명히 알리는 것이다. 기본 룰은 적어도 두 가지가 필요하다. 첫 번째는 공익활동의 바람직한 모습과 범위를 정하는 기본원칙이다. 이것은 자원봉사자가 지역의 공공기관, 공익활동 주체로부터 같은 공익활동자라는 신뢰를 얻기 위해 그들(자치단체, 사회복지협의회, 지역 자치회 등)에 대해 해야 할 행동을 나타내고, 또 자원봉사자가 이재민들에 대해 공익활동자로서 해야 하는 활동 범위의 판단기준을 나타낸다. 두 번째는 자원봉사자들끼리의 자치적 규율이고, 현지 체재와 공동작업을 위한 룰이다.

5. 무엇을 고민해야 하는가

이제까지의 고찰을 정리해 보자. 방재국가 일본의 세 번째 맹점(자원봉사 및 기업 공익활동의 활용 부족, 공익활동을 하는 개인과 공공기관의 연계 부족)을 극복하고 첫 번째 맹점을 해소해 가기 위해(=자치단체도 재난을 입은 상황에서 곧바로 다시 일어설 수 있는 '회복 가능한 사회'를 만들기 위해) 무엇을 고민해야 할 것인가.

첫 번째로 자원봉사단체뿐만 아니라 유동적인 개인 자원봉사자도 조직화하여 공공기관의 지원활동과 연계시키는 초동 체제 구축을 고민하는 것이다. 지진, 쓰나미 등의 대재해로부터 태풍, 홍수에 이르기까지 자연재해의 경우, 기본적으로 항상 초동에서부터 필요로 하는 지원 내용과 지원체제 운영방법이 있을 것이다. 그 내용이 무엇이고 어느 것을 누가 분담하여 초동에서부터 효율적으로 지원할 것인가 하는 체제를 표준형으로 만들어 나타내면 어떨까. 관민연계의 초동 지원조직 공통기본형을, 용어까지 통일시켜 보급한다면 일본 전국의 어떤 자치단체라도 어디에서 개인, 단체 자원봉사가 오더라도 그들을 충분히 활용할 수 있을 것이다.

두 번째로 자원봉사활동 기본 룰을 명확하게 하는 것이다. 개인이든 단체든 지원이라는 공익활동을 행하는 경우, 해서 좋은 것, 하지 말아야 할 것의 구별이 필요하다. 적어도 ① 공익활동의 바람직한 모습과 범위를 정하는 기본원칙(자원봉사와 재난지역의 공공기관·공익 주체 사이에서 지원 기간의 확약과 연계 방법의 합의 등을 나타내고, 또 자원봉사와 이재민 사이에 공익적 무상지원 활동의 한계를 나타냄), ② 자원봉사자들끼리의 자치적 규율(집단생활이나 행동의 규율), 이렇게 두 가지가 필요할 것이다. 다만 이 두 번째 과제는 자원봉사활동을 공익활동으로 규정하는 일반적 과제의 일부이므로 재해지원의 사례 연구만으로는 충분한 답을 얻을 수 없을 것이다.

따라서 이 책에서는 첫 번째 과제에 초점을 맞춰 고찰하려 한다. 이 과제의 해답에 대한 힌트가 한신·아와지 대지진과 동일본 대지진의 자원봉사활동 실천 예에 숨겨져 있지 않는지 다음 장 이후 사례 연구를 통해 생각해 보고자 한다.

제1장은 고베神戸와 이시노마키의 실천 예, 제2장은 도노遠野의 실천 예, 제3장은 센다이仙台 사회복지협의회의 활동을 검토한다. 그리고 결론에서는 첫 번째 과제에 대한 해답을 제시한다. 그것은 어떤 규모의 자연재해에도 공통적으로 사용할 수 있는 관민협동의 '초동체제 가이드라인'을 만들어 전국공통 가이드라인으로 자치단체, 각 자원봉사단체, 개인 자원봉사자 리더 등에게 보급하여 어느 당사자가 일본 전국 어디에 있더라도 공통 용어와 공통 방식으로 자연재해에 대비한다는 그런 내용이다.

제 1 장

사례연구 1
— 이시노마키石巻와 고베神戸

카누대隊의 활약(이시노마키)(사진: 스즈키 다쿠미)

후지오카 도루藤岡暢·나카무라 다미오中村民雄

재해 자원봉사와 공공기관을 효율적으로 연계시키는 방안에는 어떤 것이 있었을까. 이것을 이시노마키石巻와 고베神戸(한신·아와지 대지진)에서 찾아 배워야 할 점과 극복해야 할 과제를 분석하고자 한다.

이시노마키를 예로 든 것은 동일본 대지진 이후 자원봉사자의 지원활동이 비교적 빨리 효과적으로 자치단체와 연계해서 이루어졌기 때문이다. 고베를 포함하여 살펴보는 것은 이시노마키의 자원봉사활동에 한신·아와지 대지진 재해 자원봉사활동 노하우가 활용되고 있기 때문이다.

1. 개인 네트워크—이시노마키시 자원봉사 지원 기지 '기즈나絆'

2011년 9월 22일 우리들이 면회 조사를 위해 방문했을 당시, 이시노마키시의 자원봉사 지원 기지 '기즈나絆'[1](http://ishinomakizuna.net/)는 스미요시초住吉町 지구에 본거지를 두고 그 지역의 요구를 모아 개인과 단체 자원봉사활동을 상호 조정(coordinate)하고 있었다. 대표 요시무라 세이지吉村誠司(http://williamseiji.wordpress.com/) 씨는 한신·아와지 대지진 때에는 고베에서 자원봉사활동을 하는 등 재해 자원봉사와 복지활동 경력이 오래되었고, 동일본 대지진이 발생한 당일 밤에 이시노마키시에 들어가, 다음 날에는 게센누마気仙沼에서 소방단과 함께 활동했다. 이후에 요시무라 씨는 이시노마키를 지원하기로 했다. 그 이유는 산리쿠三陸 연안과는 달리 이시노마키는 쓰나미에 익숙하지 않아서 지원 요구가 보다 많을 것이라고 판단했기 때문이었다.

'기즈나'의 발족은 자연발생적이었다. 재난지역에서 알게 된 자원봉사자들이 어디에 무엇이 부족하다고 하면 여기에서 남은 것들을 거기로 가져가면 될 것이라고 하는 식으로 현장의 구체적인 요구를 맞춰 보면서 서로 연락하던 중에, 이런 것들을 집합적으로 할 수 있는 거점이 있으면 편리할 것이라고 생각하게 되어 지진 발생 일주일 후인 3월 18일에 시민회관을 빌려 '기즈나'를 발족하였다.

'기즈나'가 전개한 중심적인 초동 지원활동은 잔해 처리, 진흙

1 기즈나絆는 '유대'라는 의미의 일본어이며, 사람과 사람의 연결, 그리고 서로 돕는다는 의미를 포함한다. 2011년 올해의 한자로 선정되기도 했다—옮긴이.

청소, 식사 제공 등이었다. 쓰나미로 인해 이시노마키 연안부 일대는 마을 전체가 휩쓸려 내려가 대량의 잔해와 진흙이 남았다. 요시무라 씨는 중장비를 움직일 수 있는 사람들의 네트워크를 가지고 있었다. 그래서 우선 그들을 모아 잔해처리 작전을 실행하였다. 자위대와 행정 위탁업자도 잔해 철거를 하고 있었지만 자원봉사자들도 독자적으로 실시했다. 그 다음에 지역 전체를 덮고 있던 진흙을 청소했다. 진흙 청소는 특별한 기능을 가지고 있지 않은 자원봉사자들도 할 수 있었다. 이 작업은 자원봉사 특유의 인해전술이 주효했다. 그리고 이재민에게 식사를 제공했다.

요시무라 씨는 자원봉사활동에도 일의 순서가 중요하다고 강조했다. 큰 잔해가 있는 곳에 곧바로 진흙 청소를 하러 들어갈 수는 없다. 길이 험난하고 위험하기 때문이다. 그래서 중장비 운전 등 전문 기능과 자격을 지닌 자원봉사자가 해야 할 작업과, 전문 기능과 자격이 없어도 할 수 있는 일반 작업으로 나눠 현장 상황을 판단한 후에 작업 순서를 정했다. 이시노마키 연안지역에서는 ① 중장비로 잔해를 철거(전문 자원봉사자) → ② 인해전술로 진흙을 제거(일반 자원봉사자) → ③ 진흙에 매몰된 지역의 주민이 피난해 있는 곳에 식사 제공을 위한 자원봉사자들을 파견하여 피난 주민들이 자신의 집으로 돌아올 때까지 지원(일반·야외 자원봉사자), 이와 같은 순서로 효과적으로 자원봉사활동을 전개했다.

자원봉사의 장점이 잘 드러난 활동으로 '기즈나'가 주목받은 것은 바로 카누였다. 시코쿠四国 지역 카누 교실의 리더와 요시무라 씨, 그리고 야외활동 계열 개인 자원봉사자들은 카누를 탈 수 있는 사람들로, 그들이 가진 독자적인 카누 동호인 네트워크를 이용하여 카누인들을 모집했다. '기즈나'는 '카누대隊'를 조직하여 쓰나미에 습격당한 지역에서 구출활동 및 그물이나 부표 등의 어구漁具 회수와 같은 부흥 지원활동을 하였다.

유연한 지원이 가능하다는 것도 자원봉사의 특징이었다. 카누대에 대해 말하자면, 자위대는 집에서 사람을 구조해 내는 것은 가능하지만, 다시 집에 사람을 돌려보내는 것은 불가능한 데에 반해, 자원봉사 카누대라면 어디까지나 자기 책임하에 일시 귀택歸宅을 도울 수 있었다. 또 자원봉사자의 지원은 이재민의 요청에 상당히 근접할 수 있었다. 예를 들면 진흙 청소나 물건의 처리 같은 것도 자위대는 집 밖까지는 가능하지만 집 안까지는 권한상 하기 어렵다. 여기서부터는 자원봉사자가 나올 차례였다. 이렇게 자원봉사자는 법령에 얽매인 획일적인 행정 서비스로는 충족될 수 없는 이재민의 각자 다른 요구에 대응할 수 있다는 점에서 큰 도움이 되었다.

2. '협의회형' 중간 지원 조직의 실제 예

1) 제도적인 네트워킹 시스템

그러나 이와 같은 '기즈나'의 지원 능력은 구성 멤버의 인적 네트워크에 의존해 모인 것이다. 여기에는 한계도 보인다. 개인 인맥에 의존한 네트워크만으로는 적시에 적임자를 모을 수 있다는 보장이 없다. 그 때 그 지역에 어떤 사람이 있을지 우연에 좌우되는 부분이

커진다.

이를 극복할 방법은 없을까. 여기에서 고베나 이시노마키 등 피해지역에서의 제반 활동을 더 살펴보면, 사람, 물자, 정보를 안정적으로 공급하고 효율적으로 배치하기 위한 제도적 네트워킹 시스템이 있다는 것을 알 수 있다. 개인 네트워크와 제도적 네트워킹 시스템, 이 두 가지가 피해지역의 자원봉사활동을 뒷받침하는 토대가 되었다. 자원봉사 지원 기지 '기즈나'는 보다 큰 제도적 네트워킹 시스템 중 하나이기도 했다.

제도적 네트워킹 시스템은 그 중심에 각 자원봉사단체와 각종 당사자를 연결하는 허브 기관이 있고, 그 허브에서 요구와 지원(서비스, 물자 제공 능력)을 매치시켜 지원활동 전체의 움직임을 조정하고 있다. 이 허브를 '중간 지원 조직'이라 부르기로 한다. 구체적으로는 행정, 자원봉사, 기업, 이재민 등 지원 현장의 다양한 당사자가 모이는 조직이다. 그렇다면 어떤 중간 지원 조직이 실재하고 있었는지 살펴보기로 하자.

2) 한신·아와지대지진의 중간 지원 조직
—'한신대지진 지역NGO구원연락회의'의 예

한신·아와지대지진 당시, '한신대지진 지역NGO구원연락회의阪神大震災地元NGO救援連絡会議'라는 단체가 있었다(이하 '연락회의'라 칭함). 이는 PHD협회, 고베 학생 청년 센터, 고베YMCA, 고베YWCA, 약해藥害·의료피해 정보센터 등 8단체가 모인 '고베 NGO 협의회'가 중심이 되어 설립된 것이다.

연락회의의 대표자이면서 설립을 주도한 것은 구사치 겐이치草地賢一 씨였다. 구사치 씨는 자원봉사 경험이 오래되었고, YMCA와 PHD협회, 관서 NGO협의회와 행정기관 평의원 등의 요직을 역임하였으며, NGO와 기업 등의 민간조직과 행정기관에 개인적인 채널을 가지고 있었다.

구사치 씨는 지진 다음날 고베YMCA를 방문해 고베YMCA 사무소 안에 연락회의 사무국을 설치할 수 있게 허가를 받고, 그 다음날 19일에 연락회의를 설립했다(연락회의는 후에 마이니치신문每日新聞 고베 지점으로 거점을 옮겼다). 연락회의 설립과 함께 구사치 씨는 효고현兵庫県 재해대책 본부를 방문하여 YMCA 등 여러 민간단체의 연락조정 역할을 하겠다는 뜻을 전했다. 연락회의 의사록《큰 물결로~한신대지진 지역NGO구원연락회의의 13개월 13일간~大きなうねりへ~阪神大震災地元NGO救援連絡会議の13ヶ月13日~》에서 구사치 씨는 '재난을 당한 직후 재난지역의 참상을 보고 긴급지원활동 전개와 그것에 동반한 연락조정 기능이 필요할 것이라 예감했다'고 술회하고 있다. 구사치 씨는 지진 후 행정기능의 마비를 보고 행정을 대신하여 자원봉사자가 할 수 있는 일을 자원봉사자가 할 수 있도록 행정과의 조율(관민 조정), 그리고 자원봉사자들을 재난지역에 효율적으로 배치하는 것을 목적으로 하는 활동(민민民民 조정)을 실시하고자 했다.

연락회의는 여러 민간단체를 수평적으로 묶는 조직으로 발족했다. 연락회의가 묶은 여러 민간단체는 1995년 3월 29일 시점에 국내외를 합쳐 195개 단체였다. 애초 민간 조직으로 발족한 연락회의에 행정기관은 참여하지 않았다. 그러나 연락회의가 자원봉사자들끼리의 횡적 연대 조정을 실시하고(민민 조정), 재난지역의 지원 실적을 쌓아 가는 것을 목격한 행정기관은 이들에게 일을 부탁할 수 있을 것이라고 생각을 바꾸어 회의에 참가하게 되었다(관민 조정).

연락회의의 조직구조는 중앙회의와 분과회로 나뉘어져 있었다. 중앙회의는 하루 활동을 마무리하는 저녁에 열렸고, 여기에는 참가 자원봉사단체뿐만 아니라 나중에는 시, 현 등의 행정기관 담당자도 출석했다. 여기에서 피해지역 고베시의 행정구획별로 활동한 각 자원봉사자들로부터 피해 주민들에게 무엇이 필요한지 정보를 얻고, 또 행정기관으로부터도 주민들의 어떤 요구가 있었는지 정보를 제공받아 어느 지역에 어떤 내용의 요구가 있었는지 수집하고 정리했다. 요구사항의 수집 정리는 관민공동으로 행정구역을 바탕으로 이루어졌다.

중앙회의 다음에는 직무(작업 내용)로 구분한 분과회의를 열었다. 구체적으로 6개 직무 집단으로 분과회를 나누었다.

① 보건, 의료, 복지 분과회 : 초기에는 의료지원 단체 간의 정보교환이 주를 이뤘다. 나중에는 석면이나 노숙자 의료문제에 대해 다루었다.

② 행정 물자 분과회 : 시와 현으로부터 위탁받은 지원 물자를 민간단체가 사용할 수 있도록 절충하는 것을 목적으로 만들어졌다. 1995년 3월 하순에 역할을 마치고 해산했다.

③ 자원봉사 문제 분과회 : 초기에는 자원봉사활동에 관한 여

러 문제에 대해 그 해결방법 등의 정보를 교환하는 장으로 기능했다. 1995년 4월부터는 재난지역 자원봉사활동의 전모를 기록으로 남겨 앞으로 도움이 될 수 있도록 하는 것을 목적으로 팀을 만들어 활동을 개시했다.

④ 외국인 지원 분과회 : 외국인, 특히 불법체류자들을 위한 지원 네트워크이다. 외국인 지진정보센터, 다카토리鷹取 가톨릭교회 등 지원 단체와 네트워크를 만들어 피해지역 외국인의 생활 상담, 긴급 원조, 행정기관과의 절충 등을 위한 활동을 했다. 초기에는 지원 정보의 제공과 생활자금의 원조 등 직접적인 지원, 이후에는 행정기관과의 절충 등 간접적인 지원을 실시했다.

⑤ 정보 네트워크 분과회 : 지진 지원 정보 교환의 장으로서 컴퓨터 통신 사용을 추진하는 것이 주요 목적이었다.

⑥ 부흥, 행정, 지역 분과회 : 부흥을 위한 행정기관과의 절충, 이를 위한 지역 단체를 중심으로 한 네트워크 만들기를 실시했다.

이제까지 살펴본 고베 연락회의의 실천 예에서 볼 수 있는 특징은 첫째로 민간단체를 수평적으로 조직화하여 상호 조정을 도모한 점이다. 한신·아와지 대지진은 '자원봉사 원년'이라 불렸지만 이것은 당시 재해 자원봉사활동의 전례가 없었다는 것이기도 하다. 하지만 구사치 씨라는 특출한 사람을 통해 민간 주체를 수평적으로 조직할 수 있었고, 대재해 발생 후 국내외에서 재해지원을 위해 달려온 많은 자원봉사자들의 활동이 중복되지 않도록 조정하여 사람과 물자를 적절하게 배분할 수 있었다. 구사치 씨가 남긴 이 아이디어—여러 민간단체, 여러 개인을 상하 구분 없이 수평적으로 묶는 조직을 만들어 상호 정보를 교환하고 활동을 조정하는 방식—는 단체나 개인의 참가와 이탈에도 유연하게 대응할 수 있기 때문에 어떤 지역, 어떤 종류의 재해에도 공통적으로 이용할 수 있는 효과적 체제 구축의 노하우로써 일반적으로 활용할 수 있을 것이다.

두 번째로 요구의 지리 축과 지원의 내용 축의 조합으로 이재민의 요구와 자원봉사의 지원능력을 대응시키는 운영방법을 취한 점도 훌륭했다. 요구의 수집정리는 지구별(지리 기반)로 실시하고, 개인이나 단체 자원봉사를 직무별(작업 내용별) 분과회로 재편성하여 분과회에서 어떤 자원봉사단체가 피해지역 어느 지구의 요구에 대응하는지 서로 이야기하여 이를 위해 필요한 지원이나 허가를 행정 담당자에게 제안했다. 이렇게 해서 자원봉사가 행정을 보완하면서 이재민에게 효과적인 활동을 할 수 있었다.

3) 사회복지협의회

한신·아와지 대지진 때, 모든 피해지역에서 자원봉사를 무리 없이 받아들인 것은 아니었다. 이러한 점을 반성하여 평소에 자원봉사 접수창구를 각지에 설치하는 안이 부상하였고, 그 창구역할로 사회복지협의회(사협)가 발탁되었다(사회복지협의회에 대한 상세한 내용은 제3장을 참조). 사회복지협의회는 사회복지법(구 사회복지사업법)에 근거하여 설치된 복지사업을 목적으로 한 사회복지법인으로 시정촌市町村, 도도부현都道府県,[2] 전국, 이렇게 세 층위로 된 조직을 가진다(시구정촌사협市区町村社協, 도도부현사협都道府県社協, 전사협全社協).

그러나 동일본 대지진 때 많은 피해지역 사회복지협의회는 광역 대재해의 현실적인 요청에 전부 대응할 수는 없었다(상세한 내용은 제3장 참조). 사회복지협의회의 인원수가 절대적으로 부족하였고, 대량의 자원봉사를 받아들이는 업무량을 다 소화해 낼 수 없었다. 또 사회복지협의회는 스스로 이재민의 요구를 능동적으로 수집하는 활동에는 약점을 보였고 사회복지협의회에 몰려드는 요청에 대응하여 자원봉사자를 파견하는 수동적인 업무가 중심이었다. 이러한 것들이 겹쳐 동일본 대지진 때 각 지역의 사회복지협의회는 실효적인 중간지원조직이 될 수는 없었다.

4) 동일본 대지진의 중간지원조직—'이시노마키 재해부흥지원협의회'의 예

이시노마키에서 사회복지협의회를 대신해 실질적인 중간지원조직 역할을 한 것은 '이시노마키 재해부흥지원협의회'(http://gambappe.ecom-plat.jp/index.php)였다. 이시노마키센슈石巻専修대학 캠퍼스 내에 거점을 둔 이 협회의 가맹단체는 2011년 11월 21일 현재 323단체에 이른다. '이시노마키 재해부흥지원협의회'의 설립경위와 활동에 관해서는 이미 나카하라 잇포中原一歩의 《기적의 재해 자원봉사 '이시노마키 모델'奇跡の災害ボランティア〈石巻モデル〉》(아사히신서, 2011)에 상

2 일본의 광역 자치단체를 이르는 말. 일본의 광역자치단체는 1개 도(都, 도쿄도), 1개 도(道, 홋카이도), 2개 부(府, 오사카부, 교토부), 43개 현県으로 이루어져 있는데, 이를 묶어 도도부현都道府県이라고 한다—옮긴이.

세하므로 이 책에서는 자세히 논하지 않겠다.

여기에서는 우선 ① '이시노마키 재해부흥지원협의회'의 발족이 고베와 마찬가지로 우연한 인맥과 만남에서 시작되었다는 점과 ② 동협의회의 조직화와 운영방법이 한신·아와지 대지진 때의 '한신대지진 지역NGO구원연락회의'와 비슷하다는 점을 지적해 두고 싶다.

①의 우연한 인맥에 의존해 협의회가 시작되는 과정의 요점을 말하자면, 첫 번째는 그 지역에서 건설업을 하고 그 지역에 인맥이 있는 이토 히데키伊藤秀樹 씨와 도쿄에서 이시노마키로 달려온 자원봉사단체 '피스 보트'의 리더 야마모토 다카시山本隆 씨가 현장에서 우연하게 만난 일.[3] 두 번째는 이시노마키시의 시장과 이시노마키센슈대학의 학장이 서로 아는 사이였고, 두 사람이 3월 11일 지진이 일어나기 전에 재해협력협정에 이미 합의해 놓고 있었기 때문에 지진 직후 이시노마키센슈대학 내에 재해자원봉사센터를 설치할 수 있었던 일이다.[4] 이런 우연들이 협의회가 발족하는 데에 호조건으로 작용했다.

다음으로 ②의 '이시노마키 재해부흥지원협의회'의 조직화와 운영방법이 '한신대지진 지역NGO구원연락회의'와 비슷하다는 점에 대해서 이야기하고자 한다. 다음 페이지의 〈그림 1-1〉을 보면 '이시노마키 재해부흥지원협의회'가 '한신대지진 지역NGO구원연

3 나카하라 잇포中原一歩, 《기적의 재해 자원봉사 '이시노마키 모델'奇跡の災害ボランティア〈石巻モデル〉》(朝日新書, 2011), pp.38-64.

4 위의 책, pp.74-82.

그림 1-1. 이시노마키 재해부흥지원협의회의 구조

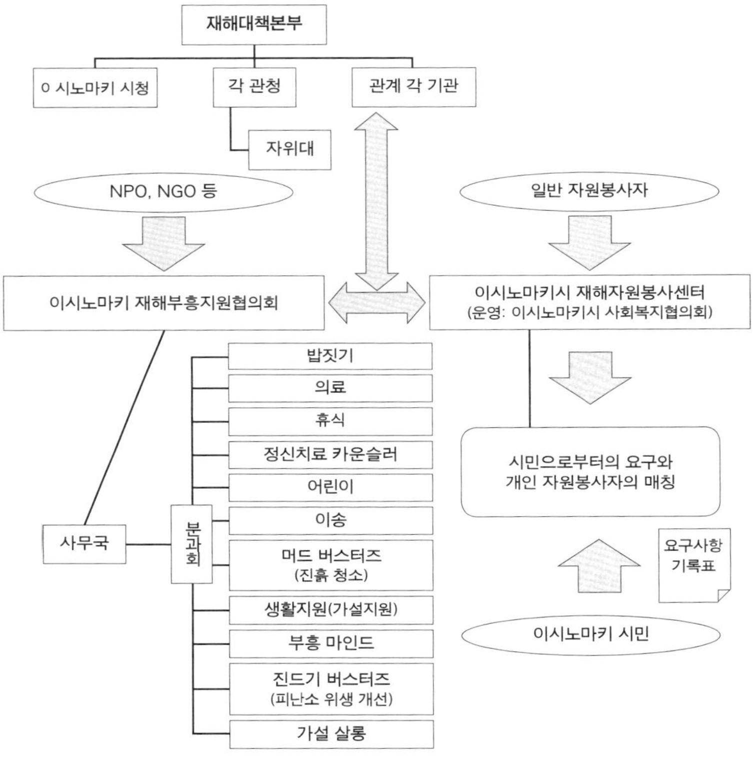

출처: 이시노마키 재해부흥지원협의회 홈페이지(http://gambappe.ecom-plat.jp/group.php?gid=10051), 2011년.

락회의'와 같은 조직구조를 가지고 있음을 알 수 있다. '이시노마키 재해부흥지원협의회'로 표기되는 왼쪽의 회의('전체협의회'라고 부른다)가 각종 이재민들의 요구 정보를 수집, 정리하여 자원봉사자들 사이의 활동을 조정하고 자원봉사와 자치단체 사이의 연락과 활동을 조정하는 중앙회의에 해당한다. 구체적으로는 저녁에 열리

그림 1-2. 협의회의 운영방식=정보·능력 매칭의 순환 프로세스

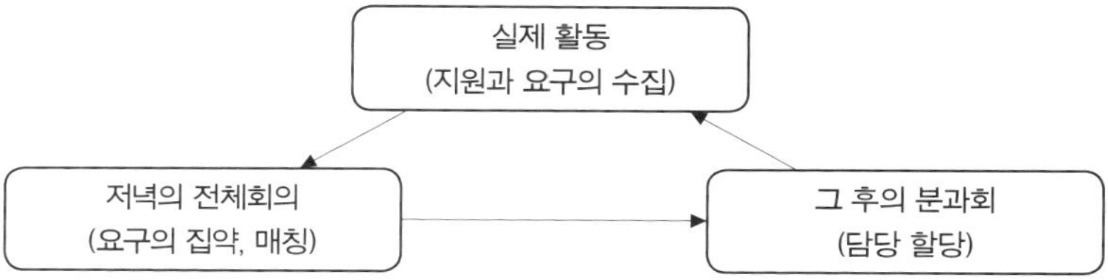

는 '전체협의회'에서 지구별 요구 정보를 집약하여 어떤 요구에 어떤 직무별 분과회가 대응하는지를 결정한다(매칭). 이후에 직무별 분과회의를 열어 각 분과회에서 자주적으로 소속단체, 개인에게 담당 지구를 할당하여 다음 날의 실제 활동을 준비한다(그림 1-2).

전체협의회에서 요구 정보를 정리하고 공유하는 모습은 홈페이지에 게재된 의사록에서 확인할 수 있다.[5] 그리고 이시노마키의 특징적인 분과회는 잔해, 진흙 청소 분과회이다. 이는 재해 내용에 따라 분과회의 직무 내용도 변할 수 있음을 나타낸다.

'이시노마키 재해부흥지원협의회'가 '한신대지진 지역NGO구원연락회의'와 같은 조직구조가 된 이유는 한신대지진 지역NGO구원연락회의에서 활약한 사람들이 이시노마키에 그 노하우를 가지고 왔기 때문이다. 우리들이 청취조사를 했던 이시노마키 자원봉사 기지 '기즈나'의 대표 요시무라 씨도 한신·아와지 대지진 때 자원봉사를 했던 사람이었다.

5 http://gambappe.ecom-plat.jp/index.php?gid=10089(2012.2.16 열람).

3. 자치단체, 자원봉사, 사회복지협의회의 3자 연계

고베와 이시노마키에서 볼 수 있었던, 자원봉사단체를 상하관계 없이 수평적으로 묶어 조직화하여 자치단체(공공기관), 사회복지협의회와 연계를 도모하는 중간지원조직을 '협의회형' 중간지원조직이라 부르고자 한다. 이 조직이 재해지원의 중심이 되는 사람, 물자, 정보에 대해 자원봉사(단체나 개인), 자치단체, 사회복지협의회의, 이 3자를 어떻게 연계시키고 있는지 관찰해 보기로 한다.

1) 사람 – 이시노마키의 예

이시노마키에서 재해지원을 할 때, 사회복지협의회는 협의회와 분담하여 자원봉사 접수창구 역할을 하였다. 자원봉사는 크게 개인과 단체로 나눌 수 있다. 이시노마키에서 개인 자원봉사는 사회복지협의회에서 받고, 단체 자원봉사는 협의회에서 받았다. 이렇게 분담이 된 이유는 첫째, 개인 자원봉사자는 사회복지협의회의 자원봉사 모집정보를 신용하여 접촉해 오는 경우가 많다는 것, 둘째, 사회복지협의회는 전국적인 조직기반이 있어서 이를 통해 개인 자원봉사를 모집해 피해지역에 소개할 수 있다는 것, 셋째, '협의회형' 중간지원조직은 자원봉사단체를 기초로 조직되어 있기 때문에 단체 자원봉사는 협의회가 받는 쪽이 효율적이기 때문이었다(협의회는 지원체제를 빨리 구축하기 위해 기존 자원봉사단체의 질서를 존중하고, 이들 단체를 실제 활동부대로 활용했다).

그리고 사회복지협의회와 협의회의 제휴는 다음의 내용과 같이 이루어졌다.

① 사회복지협의회는 다음날 오는 개인 자원봉사자와 그 능력을 리스트로 만들어 협의회로 보낸다.
② 협의회에서 현지의 요구사항을 확인하고 효율적인 인적 자원의 양적, 기능적 배치가 이루어질 수 있도록 각 지역에 리스트에 올라 있는 개인 자원봉사자를 할당한다.
③ 할당 결과를 사회복지협의회에 전하고, 사회복지협의회가 리스트에 있는 개인 자원봉사자에게 다음 날 가야 할 장소를 전한다.
④ 현지에 도착한 개인 자원봉사자들을 협의회의 분과회에서 파견한 자원봉사 리더가 맞이한다(진흙 청소의 경우 진흙 청소 전문 자원봉사 리더와 진흙 청소 자원봉사자가 만난다).
⑤ 작업을 하면서 요구사항도 수집한다.
⑥ 그 날의 달성도, 수집한 요구사항, 다음 날의 작업 할당 등을 사회복지협의회에 보고하고 그 날의 작업 종료(①로 되돌아감).

이상 ①-⑥에서 알 수 있듯이 협의회는 사회복지협의회의 요구사항 수집 작업, 요구사항과 지원능력을 매칭하는 작업의 부담을 줄이는 한편, 사회복지협의회가 가지고 있는 능력, 권한, 사회로부터의 신뢰 등을 활용하여 개인 자원봉사들을 확보한다.

2) 물자 – 한신阪神의 예

광역 피해지역에 필요한 방대한 양의 물자를 확보하여 운반하고 배포하는 지원태세를 확립하는 데에는 효율적인 물류프로세스도 필요하다. '한신대지진 지역NGO구원연락회의'의 행정물자분과회는 〈그림 1-3〉과 같은 시스템을 취했다.

〈그림 1-3〉을 설명하면 다음과 같은 흐름이다.

① 분과회 소속 자원봉사단체가 각자 관할하는 피난소 이재민의 '수요조사'를 실시하고, 분과회에서 종합한다.

② 분과회 상위에 있는 협의회(그림에서는 NGO라고 표기)로 모아진 요구사항을 전달한다.

그림 1-3. 한신대지진 지역NGO구원연락회의 물자분과회 시스템

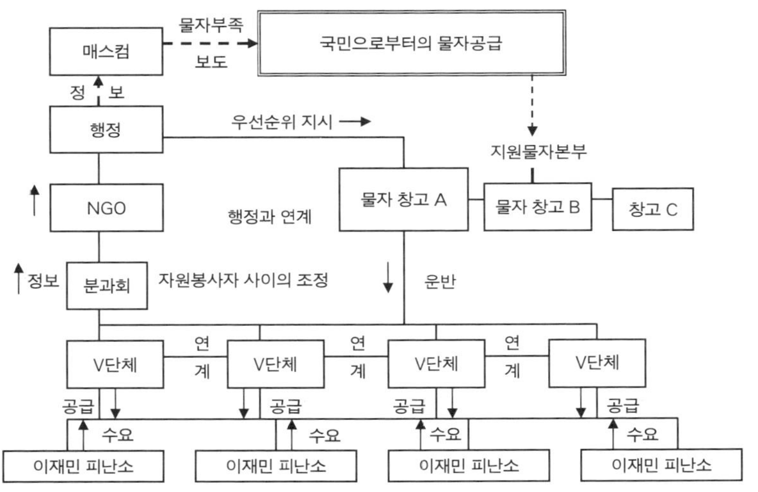

주: V는 자원봉사자(volunteer)의 약어.
출처: 한신대지진 지역NGO구원연락회의, 《큰 물결로~한신대지진 지역NGO구원연락회의의 13개월 13일간~》, 1996년.

③ 협의회가 행정기관에 요청하여 요구사항 정보를 전국 매스컴에 보도하게 한다.

④ 국민은 그 정보에 따라 필요한 물자를 행정기관이 준비해 놓은 물자 창고로 보낸다.

⑤ 물자가 도착한 후, 자원봉사단체는 물자를 피난소에 배급한다. 동시에 요구사항을 수집한다(①로 되돌아감).

이렇게 물자의 조달, 배급 장면에서도 행정기관은 그 권한을 사용하여 정보를 발신하고 물자의 보관장소를 제공하는 한편, 자원봉사자는 인력을 제공한다. 여기에서는 협의회가 행정기관과 자원봉사 양쪽을 결합하는 연계와 협동 관계를 볼 수 있다.

3) 정보 – 이시노마키의 예

요구사항 정보수집에 있어 이시노마키 재해부흥지원협의회는 세 가지 정보획득 수단을 가지고 있었다.

첫 번째는 사회복지협의회이다. 사회복지협의회는 '요구사항표'라는 통일서식을 가지고 시민에게 요구사항을 기입하게 하여 사회복지협의회에 보내게 했다. 이는 기입된 요구사항표가 오기를 기다리는 수동적 수집방법이지만, 공공기관에 준하는 사회복지협의회에 대한 시민의 신뢰성을 기반으로 정보획득의 한 방법으로 확립되었다.

두 번째는 자원봉사자들의 능동적인 요구사항 수집이다. 협의회 아래 분과회별로 파견된 자원봉사자가 담당 지역에서 요구사항에 따른 지원활동을 하면서 새로운 요구사항을 수집해 간다. 이것은 파견 지점에서 요구사항 정보를 수집하는 것이므로 점點 정보수집이라 할 수 있다.

세 번째는 특히 초기에 해당하는 것인데, 자원봉사자의 인해전술(롤러작전)을 통한 담당 지구 일대의 요구사항 정보수집이다. 이것은 면面 정보수집이라 할 수 있다. 광역 재해 상황에서는 다양한 요구사항이 널리 분산되어 있다. 그래서 피해지역을 지구로 구분하여 각 지구에 자원봉사자가 집결하는 이시노마키시 자원봉사자 지원기지 '기즈나'와 같은 집결지(플랫폼)를 만들어, 거기에서 자원봉사자가 인해전술(롤러작전)로 일대에 퍼져 요구사항을 수집해 갔다. 이렇게 해서 점과 면 양방향으로 요구사항 정보를 구석구석까지 수집했다. 홈페이지에 매일매일의 전체협의회 의사록(여기에 요구사항 정리가 있다)을 매주 정리하여 게재하는 방법으로 요구사항 정보를 전국에 발신하였다

4. '협의회형' 중간지원조직의 공통 원리

이상의 실제 예에 입각해서 '협의회형' 중간지원조직에 공통되는 운영원리를 생각해 보자.

① 민간단체의 수평적인 조직화와 공적기관·사회복지협의회와의 연계

첫째로 자원봉사단체를 수평적으로 묶어 조직화하고 중앙회의 또

는 전체회의를 만들었다. 그리고 여기에 공공기관과 사회복지협의회의 참가를 요청하여, 자원봉사자, 사회복지협의회, 자치단체, 이렇게 3자가 연계를 도모하는 조직으로 운영하였다(그림 1-1). 구체적인 연계에 대해서는 사람, 물자, 정보의 세 측면으로 나누어 앞에서 서술했다.

② 지리와 직무, 두 가지 측면에서 소속단체를 활용

둘째로 '협의회형' 중간지원조직에 소속된 여러 단체를 '지리'와 '직무' 두 가지 측면에서 효과적으로 활용했다.

지리적 측면은 활용 장소에 관한 것이다. 피해지역을 각 지구별로 세분화하고 협의회에 속한 각 단체를 각 지구에 배속했다(고베에서는 스마구須磨区, 나가타구長田区 등 기존 행정단위별로 나눴지만, 이시노마키에서는 편의적으로 지구를 나눴다). 각 지구에 거기에 배속된 복수의 단체가 집결하는 한 지점(플랫폼)을 만든다. 앞에서 소개한 자원봉사 지원기지 '기즈나'는 그 지구에 배치된 여러 자원봉사단체와 개인 자원봉사자들이 집결하는 장소였다. 그 지구에 배치된 자원봉사자들은 집결 장소에 모여 직무 배분을 받는다.

직무적 측면은 지원 내용에 관한 것이다. 협의회에 소속된 여러 단체는 그들이 발휘할 수 있는 능력별로 분류되어 직무별 '분과회'에 속하게 된다. 고베에서는 처음에 의료, 물자, 자원봉사 문제, 외국인 지원, 정보네트워크, 부흥 등 6개 분과회가 설립되었다. 이시노마키에서는 정보, 물류 등의 분과회 외에도 쓰나미 재해 특유의 요구사항에 대응하기 위한 잔해처리 및 진흙청소 분과회도 설

그림 1-4. '지리'와 '직무'의 조합에 따른 활동모델

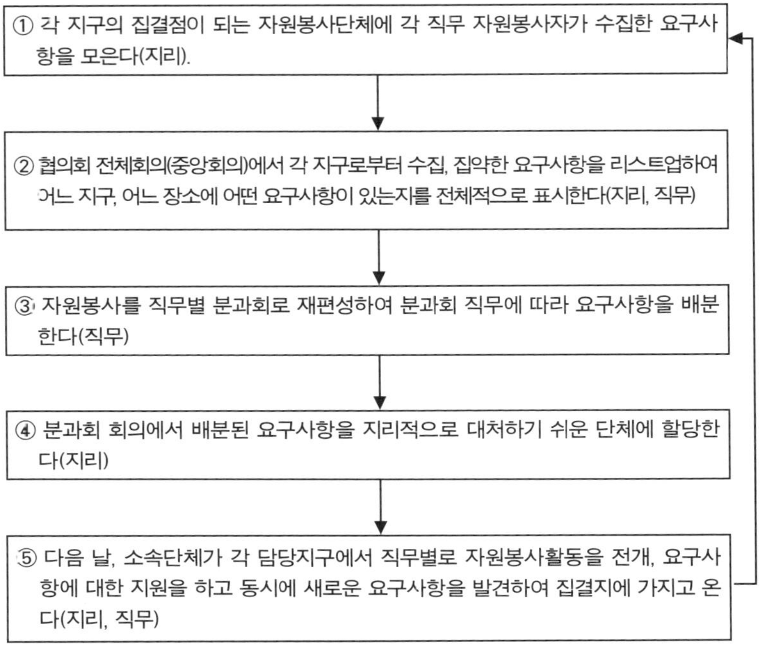

치되었다.

'지리'와 '직무'의 조합으로 활동하는 것을 모델로 설명하면, 그림4와 같다. 지리와 직무 두 가지 측면을 조합하고, 혹은 나누는 것으로 효율적인 피해지역 지원을 가능하게 했다. 특히 직무별 분과회로 자원봉사자를 나눔으로써 모여진 요구사항과 자원봉사자의 능력을 효율적으로 맞출 수 있었으며, 각 자원봉사자에게 내려지는 작업 할당이 효율화되었다.

③ 유연하고 열린 조직구조

'협의회형' 중간지원조직에는 첫째 조직 유연성이 요구된다. 피해지역 요구사항의 변화에 맞춰 스스로의 조직구조도 바꿔야만 한다. '협의회형' 중간지원조직은 직무별 분과회의 신설과 통폐합으로 대응하고 있었다. 예를 들면 고베에서는 물류 루트가 회복된 후에는 물자분과회를 폐지하고, 대신에 가설주택에 관한 분과회를 신설하기도 했다. 또 '협의회형' 중간지원조직은 수평적인(상하관계가 없는) 구조이기 때문에 전체회의에서는 분과회를 넘나드는 횡단적인 논의가 가능했고, 필요하다면 각 분과회의 기능을 조합한 지원 플랜을 세울 수도 있었다.

둘째로 '협의회형' 중간지원조직은 그 지역의 사람들에게 열려 있어야 한다. 지원조직은 초동 지원이나 초기 복구가 중심이고, 중장기 부흥은 그 지역 사람들이 중심이 된다. 피해지역의 진짜 부흥은 이재민의 자립이다. 이와 같은 바통 터치가 가능하도록 지원 단계에서부터 지원조직은 그 지역 사람들에게 개방되어 있어야 한다. 그렇기 때문에 고베에서는 부흥·행정·지역분과회를, 이시노마키에서는 부흥마인드 분과회를 설치하여 지역 사람들에게 부흥 의지와 아이디어를 배양했다. '협의회형' 중간지원조직은 원래 있었던 질서를 어느 정도 회복할 때까지 운영되는 한시적인 조직에 지나지 않는다. 고베는 1년 1개월 정도에 해산했다. 이시노마키의 조직은 언제 해산할 수 있을지 불분명하지만….

5. '협의회형' 중간지원조직의 문제와 한계

이번에는 입장을 바꾸어 '협의회형' 중간지원조직의 과제와 한계도 지적해 보겠다.

1) 시작단계에서의 인물 의존

그 지역에 자원봉사 경험이나 재해지원 경험을 풍부하게 가진 사람이 있었고(고베에서의 구사치 씨, 이시노마키에서의 요시무라 씨나 야마모토 씨), 또 자원봉사, 자치단체, 사회복지협의회를 연계하려는 인물(고베에서는 구사치 씨, 이시노마키 협의회 회장이 된 이토 씨)이 있었으며, 게다가 거점이 될 장소의 소유자나 관리자도 협력해 주었기 때문에(고베 지역에서 구사치 씨의 교우관계, 이시노마키 시장과 대학 학장의 교우관계), '협의회형' 중간지원조직이 잘 성립될 수 있었다. 조직의 출발이 우연한 특정 인물의 존재, 혹은 그 사람들의 교우관계에 의존하였다. 여기에 응용 가능성의 한계가 있다. 재해 초동 지원에 유효한 '협의회형' 중간지원조직이 인물의 우연한 존재와 관계에 좌우되지 않고 곧바로 발족될 수 있도록 하기 위해서는 어떻게 하면 좋을지 생각해 볼 필요가 있다.

2) 지원 가능한 지리적 범위

두 번째로 '협의회형' 중간지원조직이 활동할 수 있는 지리적 범위는 거점에서 반경 30km 정도다. 자원봉사단체의 대표만이라도 매일 열리는 협의회의 전체회의와 각 분과회에 참석해야 하는 것이 최소한의 활동조건이라 한다면, 하나의 협의회가 감당할 수 있는 지리적 범위는 자동차를 사용할 수 있는 조건에서 자원봉사자가 매일 왕복할 수 있는 거리여야 한다. 시속 60km의 차로 매일 왕복 1-2시간이라고 계산한다면 반경 30km 정도일 것이다. 사실 이시노마키의 경우 미나미산리쿠정南三陸町(이시노마키와의 거리는 67.5km 정도)에도 자원봉사대를 보냈지만 거리가 멀어 지원을 계속하기 어려웠다. 오지카반도牡鹿半島의 끝(이시노마키에서 40km 정도)에도 갔지만, 역시 멀어서 계속할 수는 없었다.

3) 통제와 책임

마지막으로 자원봉사자들의 통제와 책임의 문제가 있다. 통제는 조직에 관한 문제이다. '협의회형' 중간지원조직은 기존의 자원봉사단체가 상하 관계없이 수평적으로 협력하는 것을 기본으로 하고 있기 때문에 각 자원봉사단체가 기초적인 구성단위가 된다. 이는 시스템의 빠른 구축을 가능하게 한다. 반면에 각각 다른 행동원리를 가진 자원봉사단체의 행동을 어떻게 통제하는가 하는 문제가 발생한다.

고베의 경우 대표 구사치 씨는 당시 간사이關西 자원봉사계의 대표적 인물이었고, 여러 자원봉사단체와 그 간부들 사이에 인망이 있었기 때문에 통제가 가능했다. 또 구사치 씨가 그 지역 고베 사람이었다는 것도 이를 가능하게 했다. '한신대지진 지역NGO구원연락회의'는 구사치 씨 개인의 능력과 인망에 크게 의존한 것이었다고 할 수 있을 것이다.

이시노마키의 경우에는 협의회 거점을 이시노마키센슈 대학에 둔 것이 통제라는 측면에서 다행이었다. 자원봉사자들이 집결하는 장소가 대학이었기 때문에 대학 교칙이 각 단체가 엄수해야 하는 최소한의 규율이 되었고, 일정의 질서가 유지되었다.[6] 그러나 만일 거점이 대학 외부에 있을 경우에는 통제를 위해 규율을 어떻게 할 것인지 하는 문제가 남는다.

책임 문제는 지원을 끝까지 지속할 수 있는가 하는 문제이다. 자원봉사자에게 업무를 맡기는 쪽은 자원봉사자가 맡은 임무를 정말로 다할 수 있을지 불안한 마음도 있을 것이다. 자원봉사자는 자주적, 자발적으로 행동하는 것이 원칙이기 때문에 자원봉사자에게 행동을 강제할 수는 없다. 어디까지나 자주성에 의존하는 지원 시스템은 역시 그 나름의 취약점을 가지고 있다는 것에 주의할 필요가 있다. 그렇기 때문에 그 취약점을 조금이라도 보강할 수 있는 방책을 생각할 필요가 있을 것이다.

6. 정리

이 장에서는 재해 자원봉사자와 공공기관을 효과적으로 연계시키려는 노력을 이시노마키와 고베의 예에서 찾아 여기에서 배워야 할 점과 극복해야 할 과제를 분석했다.

---

6 앞의 책, pp.94-97.

배워야 할 점은 '협의회형' 중간지원조직이라는 아이디어였다. 이 조직의 큰 특징은 ① 자원봉사·사회복지협의회·자치단체(공공기관), 이 3자가 한자리에 모여 의견교환, 정보공유를 할 수 있는 구조라는 것, ② 조직을 전체회의와 분과회로 나누어 전체회의에서는 요구사항 정보를 자원봉사자·사회복지협의회·자치단체 3자로부터 집약, 정리하고, 분과회에서는 직무별로 자원봉사자(단체, 개인)를 편성하여 요구사항과 매칭을 한 것, ③ 현지 활동에서는 각 분과회의에서 소속 자원봉사자들에게 담당 지구를 배분하고, 지리와 직무 두 가지 측면을 조합하여 지원을 하면서 요구사항 정보의 수집을 한 것, ④ 이렇게 해서 사회복지협의회의 요구사항 정보수집의 부담을 줄이는 역할도 담당한 것, ⑤ 협의회의 조직구조가 상황, 요구사항의 변화, 재해부흥의 단계 등에 따라 유연하게 바꿀 수 있는 것이었고, 그 지역사회에 열려져 있는 구조였다는 것 등이다.

그러나 '협의회형' 중간지원조직에는 극복해야 할 점과 내재적인 한계도 있다. 시작 단계에서의 인물 의존을 극복해야 하고, 지원으로 가능한 지리적 범위를 반경 30km 이상으로는 넓히기 어렵다는 내재적인 한계, 그리고 조직통제, 자원봉사자의 자주성에서 오는 한계를 보완할 방책의 필요성 등이다.

이 밖에도 대국적인 문제로 '협의회형' 중간지원조직 말고도 피해지역 초동 지원에 효과적인 방식이 있다면, 이러한 방식과 '협의회형' 방식이 어떤 관계를 가져야 피해지역 부흥지원의 전체적인 효과를 극대화할 수 있을까 하는 문제도 있을 것이다.

제 2 장

사례연구 2 — 도노遠野

기능과 특기는 사람들을 도울 수 있다(이시노마키)(사진: 스즈키 다쿠미)

아마노 슨天野晟 · 나카무라 다미오中村民雄

이 장에서는 이와테현岩手県 도노시遠野市의 자원봉사단체 '도노 피재지 지원 자원봉사 네트워크遠野被災地支援ボランティアネットワーク(애칭-도노 진심 네트워크)'(이하 도노 진심 네트워크)의 활동 예를 살펴보기로 한다. 앞장과 마찬가지로 조직형태를 살펴본 다음, 어떻게 운영되고 공공기관 및 사회복지협의회와 어떻게 협력과 연계관계를 구축했는지, 또 이를 위해 어떤 노력을 했는지를 고찰한다.

단 이 장의 고찰에는 독자적 의미도 있다. 앞장의 이시노마키와 고베의 사례는 모두 재난지역에 자원봉사자가 공공기관과 연계하는 거점을 만들어 피해지역 현장에서 지원활동을 전개한 것이었다. 그런데 본 장에서 살펴볼 도노 진심 네트워크는 피해지역에서 조금 떨어진 도노시에 거점을 두고, 여기에서 산리쿠 해안지역으로 자원봉사자들을 보냈다. 피해지역 외부의 근린지역에서 자원봉사를 보내는 체제를 만든 점이 그 특징이다. 그렇기 때문에 앞 장에서 살펴본 것과는 다른 시사점도 얻을 수 있을 것이다.

1. 도노 진심 네트워크의 설립

1) 초기 활동에서 도노 진심 네트워크의 발족으로

도노 진심 네트워크는 동일본 대지진을 겪고 난 후, 도노시에서 리조트 개발회사를 경영하는 다다 가즈히코多田一彦 씨를 비롯한 도노 시민과 재해 자원봉사단체가 중심이 되어 시작했다. 도노 진심 네트워크는 각종 자원봉사단체와 개인 자원봉사자를 묶어 지원활동을 전개하는 집결점(플랫폼)과 같은 조직이고, 단체 및 개인 자원봉사자의 접수센터가 되기도 했다(2011년 9월 23일 면회 조사에 응해준 다다 씨는 발족 당시에는 도노 진심 네트워크의 부대표였지만, 현재는 이사장을 맡고 있다).

도노 진심 네트워크는 산리쿠 해안의 시정촌(주로 오쓰치정大槌町 가마이시시釜石市 오후나토시大船渡市 리쿠젠타카타시陸前高田市 등) 어디든지 차로 편도 1시간 정도에 갈 수 있는 도노의 지리적 이점을 살려 전국 각지에서 온 자원봉사자와 지원물자 등을 접수했다. 2011년 12월 16일 현재 참가단체는 약 60단체에 이르고 2011년 3월말부터 10월까지 연인원 5만 4651명의 자원봉사자들을 받아들였다.

다다 씨를 비롯한 도노 시민과 자원봉사자들이 초기 지원활동을 거쳐 도노 진심 네트워크를 발족시킬 때까지의 경위는 다음과 같다. 3월 11일에 대지진이 발생하였고, 3월 13일에 다다 씨는 자신의 회사 사람들과 차를 이용해서 가마이시시와 오쓰치정으로 물자를 옮겼다. 다다 씨는 지금까지 재해지원활동 경험은 없었지만 대규모 피해 뉴스를 접하고 물자를 우선 옮기기로 했다. 오쓰치정에 들어갔지만 괴멸상태였다. 오쓰치정의 재난대책본부에 들르니 사무소 직원이 가능한 무엇이든 힘을 빌려달라고 요청했다. 그래서 다다 씨는 GPS를 사용해서 피해지역에 물자를 배급하면서 오쓰치정의 피해 지도를 만들기 시작했다. 3일후인 16일에는 지도가 완성되어 피난소의 위치, 사람 수를 파악할 수 있었다.

같은 날인 3월 16일에 도노시 사회복지협의회에 재해 자원봉사센터가 설치되었다. 그러나 산리쿠 해안의 시정촌 피해는 괴멸적인데다가 너무나 대규모였기 때문에 자치단체도 사회복지협의회도 충분한 지원을 할 수 없었다. 다다 씨를 중심으로 한 지원활동과 자치단체나 사회복지협의회의 활동은 당초에는 연계되어 있지 않았지만 차차 연계해 나가게 되었다(자세한 내용은 57-59페이지에 서술). 그리고 3월 27일에 사회복지협의회, 도노 시내의 기업, NPO, 청년회의소가 모여 협의하였고, 다음 날 28일에 도노 종합복지센터 내에 도노 진심 네트워크 사무국이 개설되었다(현재는 도노시청 도노정화센터 내로 이전). 대표에는 도노시 사회복지협의회 상무이사 사토 마사이치佐藤正市 씨, 부대표에 다다 씨가 취임했다. 지진 발생 후 2주 남짓 지나고 있었을 때였다.

지금까지 도노시의 다다 씨와 사회복지협의회의 관점에서 바라본 초동 단계의 요구사항, 지원내용, 지원 주체의 변천을 정리하면 〈표 2-1〉과 같다.

지진 발생 직후, 특히 첫 3일간은 쓰나미로 연안의 자치단체가 괴멸하여 공공기관의 지휘계통이 제 기능을 못했고, 시에서 보낸 물자가 피난소에 도달하지 못했다. 그나마 통솔된 자위대와 미군이 구조와 지원을 하고 있었다. 다다 씨를 비롯한 자원봉사자들은 인터넷을 통해 물자를 모아(10톤 차량 몇 대분), 시의 물자 창고에 있는 물자와 함께 차로 운반하여 인해전술로 배포했다. 다다 씨는 산리쿠 해안 피해지역은 비교적 인구가 적기 때문에 대기업이 보낸 대량물자지원보다도 개인이 보낸 소량의 다양한 물자 지원 쪽이 이재민 요구에(양적으로도 품목 종류에서도) 세세하게 맞추기 쉬웠다고 말했

표 2-1. 도노에서의 요구, 지원 내용, 주체, 활동 지휘자의 변천

	제1단계(발생 후 3일간)	제2단계(1주일간)	제3단계(2주간)
필요물자 (요구)	〈생존을 위한 물자〉 식료, 식음료, 모포 등의 방한구 ※주로 부족품의 보충	〈건강 생활을 위한 물자〉 의복(속옷), 간호용품, 조미료, 치약	〈원래 생활로 복귀하기 위한 물자〉 완구, 학용품, 오락용 물품
지원내용	구조지원 지원물자반송	피난소지원, 요구사항 조사 잔해 철거, 진흙청소	부흥지원 마음의 치료
지원주체	자위대	경험이 풍부한 자원봉사단체, 지역 자원봉사자, 자치단체	개인 자원봉사자의 본격화와 도노 진심 네트워크(설립)
활동지휘자	원래는 피해지역 자치단체의 재해대책본부여야 하지만 대부분은 괴멸상태	재해대책본부 시, 현의 사회복지협의회 (인력 부족)	피해지역 자치단체 도노 진심 네트워크

다. 또 인구가 적기 때문에 물자를 인해전술로 배포할 수 있었다.

시간이 지남에 따라 피해지역의 필요물자와 요구가 변했다. 그 변화를 파악하기 위해 다다 씨 그룹은 물자를 배포하는 한편 요구사항 조사도 진행했다. 행정기능은 여전히 마비되어 있었고, 재해대책본부는 계속 자택에 고립되어 있는 이재민들을 아직 파악하지 못하고 있었다.

2) 자치단체, 사회복지협의회와의 관계 만들기

당초 독자적으로 활동하고 있었던 다다 씨 그룹이 이후 사회복지협의회와 연계하여 도노 진심 네트워크를 설립하는 데에 이르렀던 배경에는 공공기관 자체가 피해를 입은 것과 공공기관의 현장 실무에서 생긴 여러 문제점이 있었다.

- 지진, 쓰나미로 인해 자치단체의 행정기능이 거의 마비되었고, 재해대책본부가 제대로 기능하지 않았다. 피해를 입은 자치단체는 지휘계통이 붕괴되어 일각이라도 빨리 지원이 필요한 장면에서 결단이 느렸고, 이재민에게 지원이 도달하기 어려운 상황이었다. 예를 들면 이재민의 요구조사가 조속히 필요한 상황에서 원래는 민생위원이 요구조사를 실시해야 한다는 이유로 자원봉사자가 요구조사하는 것을 거절하는 한편, 당 민생위원이 행방불명 등으로 연락이 되지 않아 아무도 요구조사를 하지 않는 사태가 발생했다.
- 외부에서 온 자원봉사자에 대한 대응도 자치단체별로 달랐

다. 사령탑이 없었던 자치단체는 정보가 복잡하게 뒤얽혔고, 외부에서 온 자원봉사자에 대해 폐쇄적인 대응을 하는 곳도 있었다.

- 사회복지협의회는 고령자 시설의 케어 등 통상업무를 행할 필요가 있었고, 지원활동을 병행하다 보니 업무 과다로 인력이 부족한 상태였다.
- 타 지역의 자치단체나 전국사회복지협의회(전사협)에서 지원 인원을 도노에 파견하기도 했지만, 관할 영역 다툼이 생기기도 했고, 교체되는 파견지원인원이 후임에게 업무내용과 현지 사정의 인수인계를 충분히 하지 않아서 피해지역의 현장에 맞지 않는 지시가 내려지기도 했다.

이러한 여러 사정을 극복하기 위해 우선 다다 씨는 각 자치단체와 자원봉사센터에 다다 씨의 동료 자원봉사자를 매일 보내 지역 자치단체의 공무원 및 자원봉사센터의 사람들과 얼굴을 익히고 커뮤니케이션을 하는 데 힘썼다. 이렇게 해서 동료가 현지 정보를 입수하고 그것을 가지고 와 분석하여 자신들의 지원활동에 활용했다. 동시에 자신들의 지원활동과 현지의 요구, 상황, 문제점을 사회복지협의회에 보고하고 사회복지협의회와 제휴관계도 맺었다.

다음에 다다 씨 그룹은 자원봉사자가 여는 회의에 자치단체와 사회복지협의회의 사람들을 불러 함께 논의하고 연계하기 위해 노력했다. 이 과정에서 곤란한 상황도 있었지만 이러한 시도가 최종적으로 성공하여 도노 진심 네트워크를 설립하는 발걸음이 되었다.

도노 진심 네트워크는 참가 자원봉사자 수가 늘어남에 따라 물자의 운반, 배포 이외에도 잔해 철거, 진흙 청소 등 활동의 폭도 넓혀 갔다. 많은 참가단체의 협력으로 마음의 치료를 중시한 족탕 서비스를 실시하기도 했다.

2. 도노 진심 네트워크의 활동과 운영

1) 활동내용

도노 진심 네트워크는 어떤 활동을 하고 어떻게 운영되고 있는 걸까. 우선 중심적인 활동을 두 가지 살펴보자.

(1) 육체노동-잔해 처리, 물자 운송 등

도노 진심 네트워크에서도 가장 많은 인원을 할당한 것은 '육체노동'이었다. 하나는 잔해 철거작업이다. 동일본 대지진에서는 대량의 잔해가 발생했다. 이것은 재해 직후의 생존자 수색에 장해물이 되었고, 이재민의 생활도 위협했다. 그러나 파괴된 가옥과 전신주 등 대형 잔해의 철거는 중장비나 공구가 필요하고, 면허를 가지고 있지 않은 아마추어 자원봉사자는 관여할 수 없다. 그래서 도노 진심 네트워크에서는 중장비를 사용하는 작업이나 도로정비는 자위대나 건설회사(전문기능을 가지고 있는 사람들)에 맡기고 관여하지 않았다.

한편 소형 잔해나 파손가구의 철거, 토사 치우기나 가옥의 정리는 경험이 없는 자원봉사자도 가능하다. 때로는 손으로 직접 해야 하는 세세한 작업이 필요한 경우도 있다. 그럴 때에는 인해전술이 유효했다. 도노 진심 네트워크에서는 아마추어도 가능한 소형 잔해나 물건의 철거 작업에 집중했다. 예를 들면 리쿠젠타카타시의 요청을 받아 시내의 게센마치気仙町, 오사베長部 지역에서 지진 후 1개월 정도 지난 4월 중순부터 800톤이나 되는 냉동창고의 꽁치를 치우는 작업을 했다.[1]

'육체노동' 분야의 또 다른 주요한 작업은 지원물자의 반송이었다. 지진 직후의 혼란기에 물자는 좀처럼 이재민에게 도달하지 않았다. 누가 어디에 피난하고 있는지 정보가 적은 단계에서는 피난소로 지정된 곳 이외의 장소에 피난해 있는 사람들(예를 들면 남겨진 가옥에 피난하고 있는 사람들)에게 물자를 가져가는 것은 극히 곤란했다. 도노 진심 네트워크에서는 인터넷을 활용하여 전국에서 모인 물자를 피해지역 자치단체의 물자 창고에 있는 물자와 함께 배포했다. 그렇게 하면서 동시에 이재민의 피난장소와 인원수 정보를 수집하였다.

(2) 마음 치료-족탕

재해 이후 시간이 지날수록 피해지역에서는 잔해 철거, 물자반송 등 하드웨어적인 지원 외에 피난소 생활에 피로를 느낀 이재민들의 마음을 치료하는 소프트웨어적인 활동도 필요하게 되었다. 도노 진

1 http://tonomagokoro.net/archives/162(2012.2.9. 열람).

심 네트워크에서 초기 단계부터 계속 활약하고 있는 단체는 피해지역 NGO협동센터의 '족탕대足湯隊'이다. 이 단체는 한신·아와지대지진의 경험을 살려 재해지원활동을 하는 자원봉사단체이고 고베시에 거점을 두고 있다. 이번 지진 직후부터 피해지역에 들어갔으며 도노 진심 네트워크의 발족에도 관여했다. 이제까지의 재해지원활동의 경험을 살려, 주에쓰·KOBE족탕대(中越·KOBE足湯隊, 간사이 지역 여러 대학의 자원봉사단체로 결성)와 일본재단ROAD프로젝트(일본재단이 다수의 NGO 등과 협력하여 피해지역 부흥을 목표로 하는 프로젝트)의 파견원과도 연계하여 피난소에 족탕을 제공했다.

족탕은 이재민의 차가워진 몸을 따뜻하게 하고 대화를 하게 하여 스트레스나 전신의 피로를 풀어주고 피난소 커뮤니티 형성을 촉진시킬 수 있다. 게다가 이재민과 족탕을 하면서 나누는 대화가 자연스럽게 요구사항 조사가 되기도 했다. 정신적으로 피로한 이재민에게 일방적으로 요구사항 조사를 하는 것이 아니라 족탕을 제공하면서 자연스럽게 나누는 대화에서 이재민들이 필요로 하고 있는 것이나 피난소의 상황, 가려지기 쉬운 소수자의 요구사항 등의 정보를 얻어낼 수 있다. 이러한 '마음의 치료' 활동으로 알게 된 요구사항은 '육체노동'반의 활동과 작업일정 작성에 반영시킬 수 있었다.

요구사항 조사라는 측면에서 보면 도노 진심 네트워크의 모든 활동이 그 일부분을 담당하고 있었다(그림 2-5). 각 주택을 호별 방문하는 요구사항 조사활동과 병행하여 잔해 철거, 그림 그리기, 사진 복각, 취사 등의 전선작업에서 피해지역 자원봉사 사무국의 접수업무나 피난소에 보내는 이불 상하차 등의 후방지원에 이르기까

그림 2-5. 각 활동과 요구사항 조사의 관계

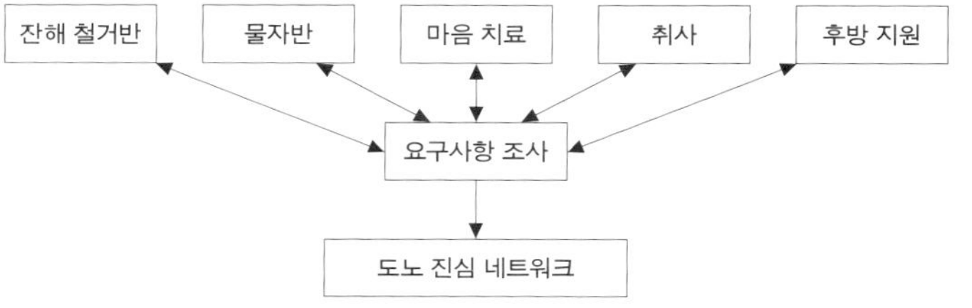

지 모든 활동은 요구사항 조사의 의미를 겸하고 있었다. 각각의 활동으로 수집한 요구사항을 도노 진심 네트워크에서 집약하고 그 요구사항을 어느 단체, 활동이 충족시킬 수 있을지를 분석하여 배분한다. 때로는 물자를 운반하는 곳에 있었던 사람이 다음 날에는 후방지원으로 옮겨 대응하기도 한다. 이렇게 요구사항에 대응하여 유연하게 활동내용도 변했다.

2) 운영

(1) 자원봉사단체간 연계

도노 진심 네트워크는 약 60개 단체로 구성되어 있고, 각 단체가 자신들의 특기 분야를 살려 현장에서 활동하고 있다. 이 단체와 단체 사이, 그리고 단체와 도노 진심 네트워크 본부 사이의 정보공유, 의사소통에는 흥미로운 아이디어가 구현되어 있다.

정보공유의 장으로 마련된 것이 매일 밤 일정 시간에 열리는 각 단체 대표자 회의이다. 상호 활동보고와 수집한 이재민 요구사항, 그리고 각각의 과제를 공유한다. 이렇게 하면 어떤 단체가 내놓은 문제점을 다른 단체가 해결하기도 한다. 이런 식으로 이재민의 요구사항과 여기에 대응능력이 있는 단체의 매칭이 이루어진다.

또 복수의 단체가 안고 있는 문제나 요구사항에 대해서는 모두가 해결을 위해 함께 아이디어를 낸다. 여기에서 기존 활동내용을 넘어서는 새로운 기획이 탄생한다. 그 일례가 '함께 나누는 모임分かち合い隊'이다. 피난소에서 취사당번 여성 이재민이 낮에 멀리 나가지 못한다는 이야기를 했다. 그래서 개인 자원봉사자들이 팀을 만들어 대신 취사에 들어갔다. 조리는 물론이고, 조리를 하지 못하는 사람도 물 떠오기나 식기 세척을 도왔다. 이렇게 해서 취사 담당 이재민의 부담을 줄였다.[2]

그리고 각 단체가 가지고 있는 노하우를 상호 공유할 수 있도록 단체의 틀을 넘어 함께 활동을 하게 했다. 예를 들면 일본재단은 재해 지역의 지원활동에 관한 노하우가 없다. 일본적십자는 이 경험과 노하우가 있다. 그래서 일본적십자가 현지에 먼저 들어갈 때, 그 그룹에 일본재단 멤버 2명을 동행시켰다. 함께 활동함으로써 일본재단의 멤버는 노하우를 익히고, 그 노하우를 자기 단체로 가져와 이후의 활동에 활용한다. 마찬가지로 일본적십자도 족탕대와의 협동을 통해 족탕 활동을 할 수 있었다. 이렇게 노하우가 단체 간에 공유되고 각 단체 활동의 폭이 넓어진다. 또 한 지역에서 활동하는 선발단체에 후속 단체 멤버를 섞이게 함으로써 그 지역 사람들과의 신뢰관계를 지속시키고 후속 단체가 안정적으로 인수준비를 할

2 http://tonomagokoro.net/archives/273(2012.2.9. 열람).

수 있게 한다.

마찬가지의 발상으로 지진 발생 이후 초기에는 자원봉사자의 수가 적어 다다 씨가 사령탑이 되었지만, 이후의 재해지원 자원봉사활동을 통해 경험을 쌓은 멤버가 늘어나게 되자 초기단계에서부터 활동했던 경험이 상대적으로 많은 인물들을 서브리더(현장 리더)로 임명하고 다다 씨가 직접 지시를 하는 횟수를 줄여갔다.

(2) 개인 자원봉사자의 대우

설립 이후 도노 진심 네트워크는 전국에서 모인 개인 자원봉사자들의 활동 거점이 되었다. 해안 쪽 피해지역의 요구사항과 자원봉사자들의 지원능력을 맞춰 본 후, 매일 아침 몇 대의 버스에 개인 자원봉사자들을 태워 피해지역으로 보냈다(개인 자원봉사자의 피해지역 버스 이송은 타 자원봉사단체도 하고 있었다).

자원봉사자들의 버스 이송을 도노 진심 네트워크 등의 자원봉사단체가 하게 된 것은 해안지역 자치단체가 개인 자원봉사자의 접수를 거부한 것이 하나의 요인이었다. 괴멸상태였던 당시의 자치단체에게 개인 자원봉사자의 접수는 애당초 곤란했다. 쓰나미 피해가 컸고, 물이 빠지지 않아서 자치단체는 자원봉사 숙영지를 준비할 수 없었다. 또 개인 자원봉사자 측에도 제멋대로 텐트를 치거나 폐가에 들어가서 살거나 하는 사람들이 있었다. 그중에는 구경하며 놀러 다니는 사람도 나타났다. 이런 것들이 피해지역 자치단체의 개인 자원봉사자들에 대한 거부반응을 불렀다. 그러나 이들 자치단체도 진흙 제거나 작은 잔해 철거 등 자원봉사자들의 힘을 필

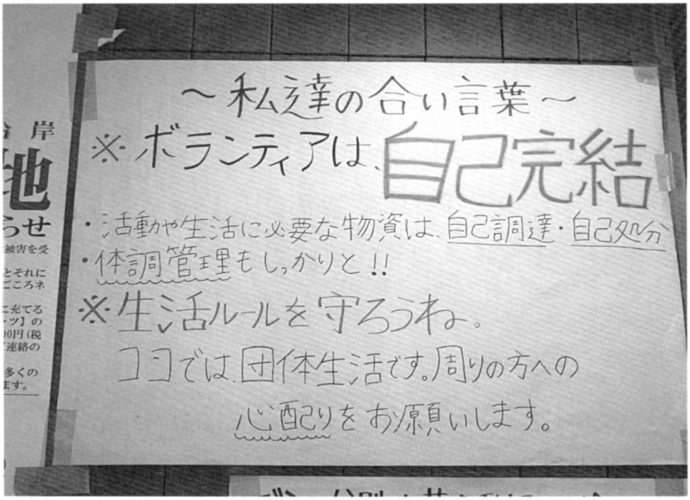

사진 2-1. 자원봉사자들의 유의사항. 도노 진심 네트워크에서(사진: 아마노 순)

요로 하고 있었다. 그래서 도노 진심 네트워크에서는 피해지역 외부에 있는 도노 시내에 개인 자원봉사자들을 모아 숙영시키고 거기에서 버스에 태워 피해지역으로 이송했다가 그 날로 돌아오게 함으로써 피해지역의 부담을 경감시키고자 했다. 이렇게 해서 도노 진심 네트워크에 요구사항 정보가 집약될 뿐만 아니라 그 주변의 개인 자원봉사자도 집결하게 되었고, 요구사항 정보에 근거하여 개인 자원봉사자를 핀포인트로 필요한 곳에 신속적절하게 효율적으로 배치할 수 있었다.

개인 자원봉사자의 접수순서는 다음과 같다.

① 개인 자원봉사자는 도노에 오기 전 인터넷으로 자원봉사자 등록을 하고 몇 월 며칠부터 며칠까지 활동할지 숙박 장소를

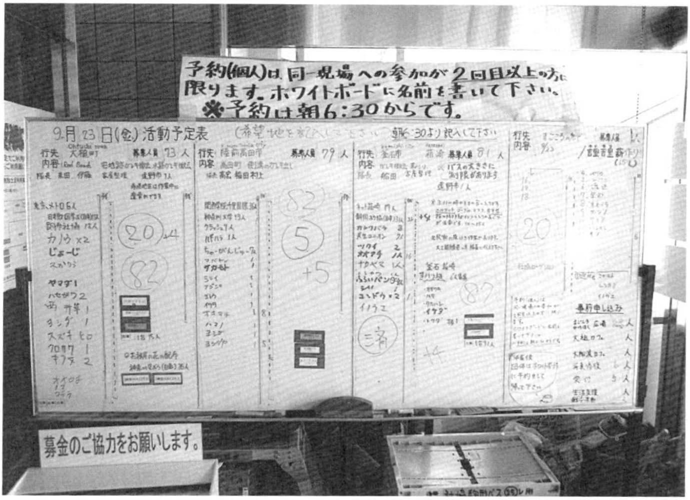

사진 2-2. 도노 진심 네트워크 활동예정표. 가로축에 활동지역과 그 날의 작업 및 필요인원 수가 적혀 있고, 그 아래에 참가하고 싶은 자원봉사자가 이름을 적는다(2011년 9월 23일 면회 조사 때 촬영).

어디로 할지 신청하고(선택지는 도노 호텔이나 도노 진심 네트워크 사무국 내), 각자 자원봉사자 보험에 가입한다.

② 도노 진심 네트워크 사무국에 도착해서 접수를 하고 자원봉사자 등록과 도노 진심 네트워크 시스템 설명, 강습회가 이뤄진다. 각자 보드에 적혀 있는 구인정보(족탕, 물자지원 등)를 보고 자기가 희망하는 곳에 이름을 적는다(사진 2-2).

③ 매일 아침 7시 반에 전체 미팅이 열리고 아직 그 날 할 작업이 결정되지 않은 사람은 전체 미팅에서 피해지역의 요구사항에 따라 손을 드는 등의 방법으로 지원 내용을 정한다. 개개인의 능력을 살려 피해지역의 지원활동에 들어갈 수 있도

록 여성이나 고령자도 쉽게 할 수 있는 작업을 많이 준비해 놓는 등의 여러 가지 방안이 마련되어 있다.

④ 피해지역으로의 왕복은 버스로 한다.

⑤ 하루의 지원활동이 끝나면 17시 30분부터 자원봉사자의 전체 미팅이 다시 열리고, 그 날의 활동보고와 다음 날 구인 등 전체의 정보공유가 이루어진다.

피해지역은 인원수가 부족하지만, 개인 자원봉사자가 무리를 하면 사고로 연결된다. 이를 방지하기 위해 도노 진심 네트워크는 개인 자원봉사자에게 무리가 되지 않는 범위에서 요구사항과 매칭을 했다. 또 개인 자원봉사자의 숙영지를 피해지역 외부로 옮기는 등 피해지역에 부담이 되지 않도록 관리했다. 이러한 조직력이 있었기 때문에 다수의 개인 자원봉사자들이 교체되면서도 지속적으로 지원활동을 계속할 수 있었다.

(3) 정보발신

도노 진심 네트워크는 정보발신 면에서도 노력을 하고 있다. 첫 번째로 보다 많은 개인, 단체 자원봉사자를 도노로 모으기 위해 진심 네트워크 설립 후 11일째인 4월 7일에는 블로그(http://blog.livedoor.jp/tonomagokoro/)를 개설하여 현지의 모습과 지원활동의 상세 내용을 하나하나 게재하기 시작했다. 또 홈페이지(http://tonomagokoro.net/)에 진심 네트워크의 목적과 활동 개요를 설명하고, 장기에 걸쳐 부흥에 적극적으로 힘쓰기 위한 프로젝트를 제시하면서 함께할 사람을 모집한다는 메시지를 실었다. 더 나아가 자원봉사자 경험이 없는 사람을 위해서 '준비와 마음가짐'에 대한 내용을 올리고 현지 사진을 실어 활동 모습을 소개함으로써 자원봉사자 활동을 쉽게 이미지로 떠올릴 수 있게 하는 등 경험이 없는 개인에게도 참가의 문턱을 낮추기 위해 노력했다.

두 번째로 자원봉사 경험자가 돌아온 후에 전국 각지에서 '동창회'를 만들어 보고회를 열었다. 이제까지 도쿄東京, 삿포로札幌, 하나마키花巻, 나고야名古屋, 후쿠오카福岡에서 보고회가 열렸다(현재는 도쿄사무소도 두고 있다). 자원봉사 참가자의 경험담은 초심자를 참가하게 하는 동기 부여가 된다. 이러한 적극적인 정보발신으로 전국에서 자원봉사자를 지속적으로 모으는 데 성공하고 있다.

3. 도노 진심 네트워크의 조직과 활동방식

1) '협의회형' 중간지원조직과 공통적인 구조

도노 진심 네트워크의 조직 구조(그림 2-6)는, 제1장에서 다룬 '협의회형' 중간지원조직의 구조(그림 1-1)와 닮은 부분이 많다. 예를 들면 도노 진심 네트워크도 그 지역 사회복지협의회와 연계하고 있다. 또 전체회의(이시노마키는 전체협의회)에서 정보교환과 요구사항, 능력을 매칭한다. 그리고 능력(직무)별로 '잔해 철거반', '족탕대' 등의 프로젝트(분과회)가 있다.

그림 2-6. 도노 진심 네트워크의 조직구조

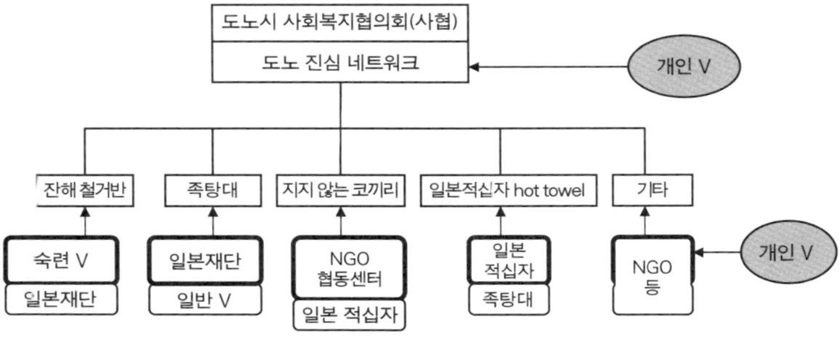

주: V는 자원봉사자(volunteer)의 약어.

2) '협의회형'과의 차이-활동방식

단, 활동방식에는 차이도 있다. 첫째로 요구사항 정보의 수집 방법이 다르다. 도노 진심 네트워크는 고베나 이시노마키와는 달리 집결한 자원봉사단체에 담당 지구를 할당하지 않았다. 지리적인 위치를 고려해서 자원봉사자를 할당한다는 측면이 없었다. 직능만을 고려해 자원봉사자를 편성해서('프로젝트'를 짜서) 요구사항이 있는 장소에 파견했다. 각 프로젝트 활동으로 각 단체가 수집한 정보를 도노 진심 네트워크 전체회의에서 공유한다.

두 번째로 다른 점은 지원 기능과 노하우가 편재되지 않도록 참가단체의 경계를 허물어 직무 프로젝트(잔해 철거반, 족탕대)별로 그 노하우를 가진 리더 단체에 다른 단체 멤버가 보조로 들어가 공동으로 활동하고, 도노 진심 네트워크에 참가하는 단체 전체에게 각 직무 프로젝트의 노하우가 공유되는 운영 방식을 취하고 있다는 점이다. 예를 들면 일본 적십자는 '일본적십자 hot towel'의 직무 프로젝트에서는 리더 단체가 되지만, '지지 않는 코끼리' 프로젝트에서는 리더 단체인 NGO협동센터의 보조가 된다('지지 않는 코끼리' 프로젝트는 전국에서 모인 신품 수건으로 '코끼리' 모양을 한 손수건을 만들어 판매하고 수익금을 제작자에게 환원하는 것으로 재난지역 NGO협동센터가 한신·아와지 대지진 후인 1997년부터 계속해온 것이다).

세 번째 다른 점은 개인 자원봉사자의 접수와 파견 방식이다. 이시노마키나 고베의 '협의회형' 중간지원조직에서는 개인 자원봉사자의 접수, 파견은 사회복지협의회가, 단체 자원봉사는 '협의회'가 접수, 파견하는 방식으로 역할 분담을 하고 있다. 그러나 도노 진심 네트워크는 그 자체가 개인 자원봉사자를 접수, 파견하는 센터의 역할도 담당하고 있다. 도노에 모인 자원봉사자는 개인, 단체 모두 도노 진심 네트워크에 집결하고 배치된다.

3) 피해지역 외부에 위치한 거점이라는 특징에 맞는 조직구조와 활동방식

도노 진심 네트워크의 활동방식은 요구사항 수집에서는 빈틈이 생긴다. 그러나 이것은 문제점이라고 하기보다는 피해지역 외부에 거점을 둔 지원체제가 가지는 성질 내지 특징이라 판단된다. 피해지역의 현지 상황은 현지에서 가장 잘 파악할 수 있다. 그래서 피해지역에 거점을 설치하는 중간지원조직(이시노마키의 협의회 등)은 피해지역을 지구로 나누어 소속 자원봉사단체를 지리적인 측면과 직무적인 측면 양쪽으로 활용하여 요구사항 정보와 지원능력을 빈틈없이 제공할 수 있었고, 또 그렇게 하는 것이 공익활동으로서 큰 의미를 가졌다. 이에 비해 피해지역에서 떨어진 장소에 거점을 두고 활동하는 중간지원조직(도노 진심 네트워크 등)의 경우는 피해지역에 가서 돌아오기까지 시간이 걸리고 그만큼 활동시간이 제한된다. 또 장소에 따라서는 피해지역에 거점을 둔 다른 중간지원조직의 활동도 병행할 가능성도 있다. 이런 경우에는 그것들을 보완하는 역할 쪽이 기대된다. 이런 점에서 피해지역 외부에 거점을 두고 활동하는 중간지원조직의 경우, 특정 작업이나 잘하는 능력('족탕' 등)을 특화하여 지원하는 쪽이 실천적인 성과로 연결될 것이다. 지리적으로 구석구석까지 요구사항을 충족시키는 타입이 아니라 필요한 곳에 필요한 지원 서비스를 핀포인트로 주입하는 타입인 것이다.

그렇게 생각하면 도노 진심 네트워크의 활동방식은 합리적이다. 거점이 되는 지점에 다양한 단체와 개인 자원봉사자들을 집결시키고 요구사항 정보도 그곳에 집약한다. 그 다음 시시각각 변하는 피해지역의 요구사항에 맞춰 특히 보충이 필요한 지원을 정해 거기에 맞는 역할이나 직무 프로젝트를 만든다. 이 프로젝트를 수행할 수 있는 능력을 지닌 리더 단체를 지정하고, 여기에 단체의 틀을 깨서 타 단체 멤버나 개인 자원봉사자도 참가시켜 그 직무능력, 노하우를 익히게 하고 이를 공유해 나간다. 이러한 활동 방식으로 경험이 없는 개인 자원봉사자들에게도 널리 일정 수준의 직무능력을 갖게 하여 지원활동의 지속성을 도모했다.

또 피해지역에 압축된 서비스를 지원하는 프로젝트형 지원활동 방식이라면 도노 진심 네트워크처럼 피해지역 연안의 시정촌을 넓게 바라보고 시정촌별로 다른 내용의 지원활동(프로젝트) 계획을 세워 인원을 보내는 것도 가능하다. 피해지역에서 조금 떨어져 있기 때문에 전국적으로 자원봉사자를 모집해도 숙영시설이 펑크 나지 않는다.

도노 진심 네트워크는 전국적인 자원봉사자 모집체제도 구축했다. 본부는 피해지역에 가까운 도노에 두면서 지부를 도쿄, 삿포로, 하카타博多 등에도 두고, 지부에서 자원봉사자를 모집해 본부인 도노에 파견한다. 이것과 병행해서 도노 진심 네트워크에 참가하고 있는 자원봉사단체도 마찬가지로 도노 이외에 있는 그 단체의 본부나 지부를 통해 자원봉사자들을 모집해 도노에 파견한다. 피해지역에서 다소 떨어진 곳에 있는 거점은 피해지역에서 멀리 떨어진 지역의 자원봉사자 모집에도 성공하여 물자, 사람, 그리고 정보가 모여 교차하는 허브가 되었다.

4. 피해지역에서 약간 떨어진 거점을 가진 중간지원조직의 한계, 문제점

1) 입지의 선택

도노 진심 네트워크와 같은 피해지역 외부에 거점을 둔 중간지원조직도 재해지원 체제로서는 유효하지만 그 나름의 한계도 있고 문제점도 있다.

내재적인 한계는 활동 거점을 피해지역에서 하루 안에 왕복할 수 있는 거리에 두지 않으면 안 된다는 점이다. 이는 기업으로 말하자면 물류창고를 어디에 두는 것이 최적일까 하는 이른바 최적 입지 문제와 닮아 있다. 즉 광역 대규모 재해에서 괴멸적인 피해를 입은 자치단체가 몇 군데나 나왔을 때 모든 피해지역에 차로 1시간 이내에 갈 수 있는 최적지를 몇 군데 선정하게 된다. 그렇지만 문제는 재해가 발생했을 때 그런 최적 입지를 항상 확보할 수 있는가 하는 것이다. 지형적으로 무리거나 재해로 도로가 단절되었거나 해서 최적지를 사용할 수 없는 등 재해 시의 최적지 확보는 그 나름의 곤란을 동반할 가능성이 있다. 이런 문제가 첫 번째 문제이다.

2) 거점지의 관계자와 신속·원활한 연계

두 번째는 가령 활동 거점의 최적지 후보가 있다고 해도 후보 지역의 자치단체 및 사회복지협의회와의 연계가 신속·원활하게 성립하는가 하는 문제이다. 특히 재해가 발생했을 때만 타 지역에서 오는 자원봉사단체가 거점을 마련하려고 하는 경우 그 지역과의 관계가 삐걱거릴 수도 있다.

물론 거점 설립자가 거점이 되는 지역 사람들과 평소 인간관계를 맺고 있었다면 설립은 무리 없이 진행될 것이다. 도노 진심 네트워크를 발족시킬 때 활약한 다다 씨는 도노시의 시민이고, 평소에 자치단체나 그 지역 사람들과 인간관계를 맺고 있었다. 하지만 그 지역 사람들과 미리 인간관계를 맺고 있어야 한다고 하면, 중간지원조직은 항상 인적 연결에만 의존하게 되고 응용성이 부족하게 되어 버린다.

그런 인간관계는 절대적인 필요조건이 아닐 것이다. 국내 먼 곳에서 오는 자위대나 외국에서 오는 미군도 평소에는 외부자이지만, 지역의 자치단체와 사회복지협의회를 비롯하여 주민들도 지원활동의 공익성을 인정하고 곧바로 받아들인다. 그렇다고 한다면 지원 공익활동을 하는 것은 재해 자원봉사도 마찬가지이기 때문에 똑같이 받아들일 가능성이 있다. 인간관계가 사전에 존재한다고 하는 것보다도 자원봉사자의 초동 지원활동이 공익활동임을 이해받는 것이 그 지역과의 연계 성립에 중요한 열쇠가 된다고 생각된다. 이 연계는 신속하게 성립될수록 초동 지원의 효과를 높인다.

그렇다고 한다면 그 지역 사람인지 외부 사람인지를 따지지 말고 누가 중간지원조직을 세우던 간에 거점 후보지의 지역 관계자에게 자원봉사자 공익활동의 의의에 대해 이해를 구하고 바로 협력을 얻을 수 있도록 평소부터 준비해 놓는 것이 중요하다.

그러기 위해서는 다양한 노력이 있을 수 있다. 그중 하나는 재해 자원봉사활동의 공익성을 평소에 널리 설명하고 전국 사람들의 '상식'으로 만드는 것이다. 예를 들면 재해발생 시 자원봉사자, 자치단체, 사회복지협의회가 협동하여 지원활동을 하는 방식을 전국 공통 초동대응의 기본 형태로 하여 가이드라인으로 알리고, 이 가이드라인에 근거하여 전국 곳곳의 자치단체가 예를 들면 연 1회, 3월 11일을 대재해 훈련일로 해서 그 지역 자원봉사단체나 사회복지협의회와 협력하여 그런 조직을 세우는 연습을 하는 것은 어떨까. 평소 공익활동에 대한 이해가 널리 퍼져 있다면 설령 거점을 피해지역 외부 근교에 두는 타입의 지원조직이 생겨나도 지역 관계자가 무조건 여기에 난색을 표하는 사태는 피할 수 있지 않을까. 또 자원봉사단체 측도 지원활동을 도중에 방기하고 사라져 버리는 무책임한 태도를 취해서는 안 된다. 일정기간은 그 장소를 거점으로 하여 지원활동을 하겠다는 확약을 그 지역의 자치단체, 사회복지협의회에 표시하는 등 지역 관계자의 신뢰를 얻을 수 있는 행동을 명확하게 취해야 할 것이다.

3) 다수 참가 단체의 매니지먼트

세 번째 문제는 어떤 중간지원조직에서든 생기는 문제이지만, 특히 개인 자원봉사자를 다수 받아들이는 도노 진심 네트워크와 같은 조직에서는 참가단체와 참가자가 늘면 늘수록 서로 경쟁하게 된다. 또 정보를 전달하는 루트도 어느 정도 개인을 그룹으로 묶거나 하지 않으면 복잡하게 얽혀 버리기 쉽다. 여기에는 정보 전달과 공유의 간명한 체계화, 그리고 지원활동의 무분별한 경쟁을 막기 위한 효율적인 상호 조정과 같은 매니지먼트 문제가 내포되어 있다.

'협의회형' 중간지원조직은 전체회의와 분과회로 나누어 이 문제에 대처했다. 그렇지만 개인 자원봉사도 다수 참가하고, 단체도 많은 전체 수백 명 규모의 중간지원조직의 경우 전체회의와 분과회 각각에 대해 그 방식을 고민해야 할 것이다. 다수의 개인 자원봉사자들을 팀으로 나누는 것도 필요하다.

4) 활동자금의 조달

네 번째는 재해 자원봉사활동의 자금조달 문제이다. 도노 진심 네트워크의 경우, 사회복지협의회의 자원봉사 예산 외에 기부금 등으로 충당하고 있었지만 적자였다. 자원봉사(단체, 개인), 자치단체, 사회복지협의회 3자가 협동하여 재해지원을 하는 체제를 취할 때, 자원봉사는 분명 공익활동의 일부분을 담당한다. 그리고 현재 자치단체나 사회복지협의회가 하지 못하는 분야를 보완하고 있다. 그렇기 때문에 3자 협동체제에서의 자원봉사활동에는 공적인 자금 조성이 있어야 한다.

또한 재해 자원봉사단체는 세상 일반 사람들에게 재해발생 시 모금에는 ① 이재민을 위한 의연금과 ② 이재민을 돕는 사람들(자원봉사자)을 위한 기부금, 이렇게 2종류가 있다는 것을 설명하고, 양쪽 모두 지원 부흥을 위해 없어서는 안 되는 것이라고 알릴 필요가 있을 것이다. 의연금은 이재민에게 공평하게 배분할 필요가 있지만 기부금은 기부를 받는 단체가 활동에 자유롭게 활용할 수 있다. 이 구별이 명확하지 않았기 때문에 동일본 대지진 때는 특정 유명 자원봉사단체(일본적십자 등)에 기부금이 집중되어 이재민을 지원하는 자원봉사단체를 위한 기부금은 좀처럼 모이지 않았다.

다만 자원봉사단체를 위한 기부금이라고 해도 목적 이외의 용도로 사용되어서는 기부의 의미가 퇴색된다. 그렇기 때문에 재해지원을 하는 자원봉사단체도, 그 결집체와 같은 중간지원조직도 그 활동내용과 회계를 정기적으로 보고하여 사회 일반에 대해 설명책임을 다하는 자세를 확실히 보여 줘야 할 것이다.

5) 피해지역 내 중간지원조직과의 연계

다섯 번째 문제는 피해지역 외부에 거점을 둔 중간지원조직은 피해지역에 거점을 둔 다른 중간지원조직이 있는 경우 그것과 어떻게 정보를 공유하고 활동을 연계시킬지 하는 문제를 안고 있다(같은 대상지에서 지원활동의 중복이나 경쟁을 줄이기 위해서는 연계하는 수밖에 없다). 도노 진심 네트워크는 피해지역 내에 중간지원조직이 없었기 때문에 이와 같은 문제에 직면하지는 않았지만 문제 그 자체는 남아 있다.

5. 정리

이 장에서는 재해 자원봉사와 공공기관을 효과적으로 연계시키는 노력을 도노 진심 네트워크의 사례에서 배우고 또 남은 문제를 지적했다.

도노 진심 네트워크도 이시노마키와 고베의 '협의회형' 중간지원조직과 비슷한 조직구성을 가지고 있었다. 다수의 자원봉사단체, 개인을 수평적으로 묶는 집결점이 되었고 그 지역 사회복지협의회, 자치단체와도 연계하고 있었다.

도노 진심 네트워크의 특징은 거점을 피해지역 외부 근교에 둔 것이었다. 피해지역이 괴멸적 피해를 입은 상황에서 자원봉사자들을 조금 떨어진 장소에 집결시켜, 거기에서 버스로 이송하는 편이 자원봉사자들에게도 안전하고 피해지역의 질서도 유지할 수 있었기 때문이었다.

거점이 피해지역에서 떨어진 곳에 있었기 때문에 활동방식도 피해지역의 모든 지역을 빠짐없이 지원하는 것이 아니라 지원 내용과 거점을 선정하여 핀포인트로 지원했다.

또 개인 자원봉사자들도 다수 참가하고 있었기 때문에 경험 있는 자원봉사단체나 개인을 프로젝트 리더로 하고, 여기에 경험이 없는 개인, 단체 자원봉사자들도 참가시켜 노하우를 익히게 했다. 이와 같이 하여 자원봉사의 지속성을 유지하였고, 지속 가능한 지원의 토대를 만들었다.

한편 남겨진 문제도 있었다. 특히 거점 최적지 지역의 자치단체, 사회복지협의회와 타지 사람이 많은 자원봉사자들과의 원활한 연계를 고민할 필요가 있었다. 이를 해결하기 위한 제안의 하나로 다음과 같은 아이디어를 제시했다. 자치단체, 사회복지협의회, 자원봉사, 3자가 협동하는 '협의회형' 재해 지원체제를 기본형으로 하는 '가이드라인'을 만들어 사회 전체에 자원봉사도 공익활동의 주체라는 것을 알린다. 또한 자원봉사 측도 피해지역이나 거점 지역의 주민들에게 일정 기간 동안은 지원을 계속한다는 것을 확약해야 한다.

또 한 가지 중요한 문제는 재해지원 자원봉사단체나 그 결집체의 활동자금조달 문제이다. 이 문제에 대처하기 위해서는 재해모금에는 ① 이재민을 위한 의연금과 ② 재해 자원봉사자들의 활동을 위한 기부금, 이렇게 2종류가 있고 어느 쪽이나 다 중요하다는 것을 여론에 호소하는 것이 중요하다. 또 자원봉사활동을 위한 기부금에는 설명책임이 뒤따른다는 것도 논했다.

도노 진심 네트워크가 말하는 것처럼 '자원봉사는 경쟁도 아니고 자기만족도 아니다'. 재해 자원봉사는 일반사회인들이 자치단체나 사회복지협의회와 협동하여 전개하는 공익활동인 것이다.

제 3 장

사례연구 3 — 사회복지협의회

진흙에 덮인 사진을 복구하는 자원봉사(이시노마키)(사진: 스즈키 다쿠미)

기모토 준야木本純也 · 나카무라 다미오中村民雄

이 장에서는 사회복지협의회(사협)에 초점을 맞춘다. 사회복지협의회는 1951년 사회복지사업법(현재는 사회복지법으로 개정)으로 설치되었다. 원래 재해지원을 위한 조직은 아니지만, 한신·아와지 대지진 이후 독자적으로 키워 온 지진부흥 활동의 노하우를 가지고 있다. 예를 들면 대재해발생 시 지원활동을 위해 오는 개인 자원봉사자들의 접수창구로 '자원봉사센터'를 설치하는 등의 노하우이다. 동일본 대지진 때에도 독자적인 역할을 수행했다. 그렇기 때문에 광역 범위에 걸친 대규모 재해의 초동 지원을 효율적, 효과적으로 행하는 방안을 생각할 때에 사회복지협의회의 역할을 반드시 생각해 봐야 한다.

우선 사회복지협의회의 개요와 의의를 확인하고 재해발생 시 사회복지협의회의 전형적인 활동 모델을 살펴본다. 다음으로 동일본 대지진에서 실제로 활동했던 센다이시仙台市 사회복지협의회의 활동 실태와 특징을 논한다. 그 후에 재해지원활동의 주체를 자치단체, 사회복지협의회, 자원봉사를 비롯한 민간 주체, 이렇게 세 종류로 나누고 각각 가지고 있는 특징이나 성질을 고려하여 사회복지협의회가 특히 잘 할 수 있는 역할에 대해 규명하고, 앞으로의 재해지원 효율화를 위해 사회복지협의회가 해야 할 사항을 논하고자 한다.

1. 사회복지협의회의 조직과 재해발생 시 기대되는 활동

1) 사회복지법

사회복지협의회는 사회복지법(구 사회복지사업법)에 설립 근거를 가지는 사회복지법인이고, 민간단체로서 활동하지만 그 조직기반과 활동은 법률로 보장되어 자치단체로부터 운영을 위한 보조금이나 구체적인 사업 위탁금을 받는다는 점[1]에서 공적인 성질을 가진다.

사회복지협의회는 지역복지 추진을 위한 제도 중 하나이고, 시정촌에 설치된 사회복지협의회(시정촌 사협)가 활동의 기본이 된다

1 와다 도시아키·야마다 히데아키 편和田敏明·山田秀昭編, 《개설 사회복지협의회 2011·2012概説社会福祉協議会 2011·2012》(全国社会福祉協議会, 2011年), pp.180-181.

(정령지정도시[2]에는 시市 아래에 구区 사협이 설치된다). 사회복지법에 따르면 시정촌사협은 그 구역 내 사회복지를 목적으로 하는 사업을 경영하는 자와 사회복지에 관한 활동을 행하는 자가 참가하여 사회복지를 목적으로 하는 사업 기획과 실시, 동 사업에 관한 조사, 보급, 선전, 연락, 조정과 조성, 그리고 사회복지에 관한 활동에 주민 참여를 위한 원조 등을 행한다(동법 109조). 실제로는 민생, 아동, 복지의 각 위원, 자치회, 어린이회, 노인회, 복지시설경영자회, 의사회, 상공회, 자원봉사단체 등의 대표, 학식 있는 경험자, 자치단체의 담당자들이 이사나 평의원으로 참가하고(시즈오카시静岡市 사협의 예), 평상시에는 각지의 주민 지역네트워크 형성 지원, 간호가 필요한 자, 신체장애인, 고령자 등에 대한 복지활동의 제공, 자원봉사활동 지원, 복지 인원의 확보, 육성 등을 행하고 있다.

사회복지법은 시정촌사협 이외에 도도부현都道府県 단위의 사회복지협의회(도도부현 사협)를 설치하게 되어 있다(동법 110조). 또 도도부현 사협이 상호 연락·조정을 위해 전국 단위의 사회복지협의회연합회(전사협全社協)를 설립할 수 있다고 법률에 정해 놓고 있으며(동법 111조), 실제로 전사협이 설립되어 있다. 이렇게 해서 사협은 시정촌 사협을 기초로, 도도부현 사협이 통괄하고, 그리고 전국적인 상호 연락·조정을 위한 전사협이 있다. 사회복지협의회는 이와 같은 3층 구조로 되어 있고 상호 연계하는 네트워크로 되어 있다.

2 정령지정도시政令指定都市: 인구 50만 이상의 시로 정령(내각이 제정하는 명령)이 지정한 도시—옮긴이.

2) 재해에 관한 활동

시정촌 사협은 지역 주민에 대한 복지활동의 일환으로 평상시에 재해방비활동도 하고 있다. 예를 들면 어린이들의 재해교육, 자치단체의 방재훈련에 주민 참여 호소, 재해 자원봉사센터 발족 훈련, 자원봉사 운영자의 양성 등이다. 이와 같은 활동들은 시정촌 사협이 한신·아와지 대지진 이후 각각 독자적으로 행하고 있었다(구체적 활동 내용은 전국 공통이 아니다).

실제로 재해가 일어났을 때에 피해지역의 시정촌 사협은 '재해 자원봉사센터'를 설치하고 운영하는 경우가 많다(설치에 관해서는 미리 사협에 위탁해 놓는 케이스, 자치단체가 의뢰를 해서 사협이 설치하는 케이스 등 지역 차가 있다. 또 재해 자원봉사센터를 사협 이외의 단체가 설치, 운영하는 경우도 있다—도노 진심 네트워크 등). 대부분의 '재해 자원봉사센터'에서는 전국 각지에서 모인 개인 자원봉사자들의 접수와 적절한 배치, 전국에서 반입된 지원물자의 배분과 공급, 피해지역의 재해정보 수집과 제공을 주로 행하고 있다.

3) 재해발생 시의 활동모델-동일본 대지진의 경우

시정촌과 현, 각 레벨의 사회복지협의회는 관할하는 지역의 규모가 다르기 때문에 각각 설립하는 재해 자원봉사센터의 역할도 달라진다. 〈그림 3-1〉은 동일본 대지진 때 미야기현宮城県 내의 시정촌 사협과 현사협県社協, 그리고 전사협의 상호 연계관계를 나타낸다. 또 각 레벨의 사회복지협의회가 설립한 재해 자원봉사센터 활동 내용의 차이를 나타내고 있다. 이에 따르면 전사협은 지역 블록(홋

그림 3-1. 동일본 대지진 때 미야기현 사협의 협력관계

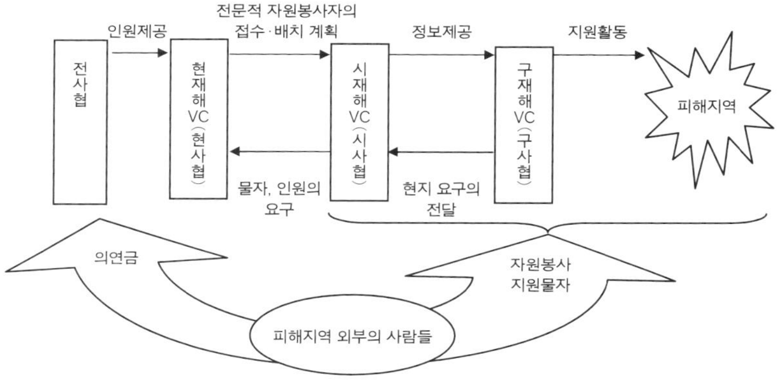

주: VC는 자원봉사센터(Volunteer Center)의 약어.

카이도·도호쿠北海道·東北 블록, 간토關東 블록 등)으로 나뉘어, 재해발생 시 피해지역 이외의 사회복지협의회 인원을 블록 단위로 피해지역 사회복지협의회에 할당한다. 또 모금도 전사협이 행한다. 현사협의 역할에 대해 말하자면, 피해지역 현의 사회복지협의회는 정보관리, 그리고 타 현의 사회복지협의회 직원 및 자원봉사자 인원을 분배한다. 타 현의 사회복지협의회는 전사협의 지시하에 지원활동을 한다. 시사협市社協은 현으로부터 받은 정보를 참고로 하면서 현장으로부터의 요구사항을 듣고(센다이 등 정령지정도시에는 구区가 있으므로), 구사협区社協(또는 사회복지협의회가 운영하는 재해 자원봉사센터)에 인원을 파견한다. 구사협은 현장 가장 가까운 곳에서 현지 부흥을 위한 활동을 하면서 필요한 물자나 인원을 시의 자원봉사센터에 요청한다.

〈그림 3-1〉에서 알 수 있듯이 이재민에 가장 가까운 구区재해자원봉사센터 상위에 위치하는 시市재해자원봉사센터가 피해지역의 요구사항에 대응하고 있으며, 피해지역 외부로부터 지원을 받을 기회도 많다. 그래서 센다이시에서 시市재해자원봉사센터를 설치·운영했던 센다이시 사회복지협의회에 초점을 맞춰 동일본 대지진 때의 활동에 대해 관찰해 보고자 한다.

2. 동일본 대지진 후 센다이시 사회복지협의회의 활동

1) 피난소, 재해자원봉사센터의 설치

지진이 발생하고 사회복지협의회가 가장 먼저 한 것은 피난소와 재해자원봉사센터의 설치였다. 센다이시 사협에서는 평소에 매뉴얼을 만들어 설치 훈련을 해 왔기 때문에 동일본 대지진 때 시내가 지진과 쓰나미로 대규모의 피해를 입었지만 재해자원봉사센터의 설치는 비교적 신속하게 진행되었다.

피난소에 관해서는 평소에 재해발생 시 피난소 예정지를 선정해 놓긴 했지만 라디오 재해정보(연안지역의 피해가 심각하다 등등)를 참고하여 설치 장소를 검토했다. 지진 다음 날 예정지를 사용할 수 있는지 안전을 확인하고, 또 운영을 위한 인원과 물자를 확인한 다음 설치와 운영에 들어갔다.

재해자원봉사센터는 센다이시의 방재안전과와 시사협이 협의하여 센다이시가 설치 명령을 내리고 사협의 인원이 운영하기로 했다. 피해가 특히 크다고 판단되는 연안지역의 미야기노구宮城野区와 와카바야시구若林区에는 지구재해자원봉사센터를 조속히 설치하기로 했으며 3월 15일에 설치할 수 있었다. 센다이시 사협의 매뉴얼에는 지진 후 3일 정도에 재해자원봉사센터를 설치하는 것으로 되어 있는데, 거의 매뉴얼에 나온 날짜에 실현되었다. 3월 26일까지 시내의 다섯 개 구 모든 곳에 재해자원봉사센터를 설치했다.

2) 재해자원봉사센터의 활동

센다이시에서는 각각의 지구재해자원봉사센터가 자율적으로 운영되었고, 시재해자원봉사센터는 정보관리, 피난소 지원, 지진피해지원 자원봉사자의 파견을 주로 다루었다. 다만 지진 발생 직후 얼마 동안은 심각한 쓰나미 피해로 인해 연안지역의 출입이 금지되었기 때문에 해안지역으로의 지원이나 파견은 불가능했다. 그래서 우선 내륙지역에 지원을 하고 있었다. 4월이 되자 연안지역에서 지원요청이 오게 되었고, 시재해자원봉사센터는 쓰나미 피해 지원으로 목표를 변경했다. 내륙지방 지원은 그 지역 구자원봉사센터에 맡기고 연안지역 미야기노구와 와카바야시구에 초점을 맞춰 지원을 하게 되었다. 6월 들어서 연안지역의 복구활동도 안정화되어서 내륙지역 지원과 쓰나미 피해 지원을 통합했다. 8월에는 시재해자원봉사센터를 종료하고, 우리들이 방문했을 때(2011년 9월 23일)에는 '부흥지원 EGAO 센다이 서포트 스테이션'[3]이라고 명칭을 바꿔 부

3 EGAO는 '웃는 얼굴'이라는 뜻의 일본어 '에가오笑顔'를 알파벳으로 풀어쓴 말. 이 단체의 일본어명은 "復興支援 'EGAO(笑顔) せんだい'サポートステーション"—옮긴이.

흥지원을 계속하고 있었다(현재도 계속 중).

시재해자원봉사센터는 타 현에서 오는 개인 자원봉사자의 접수 창구가 되었다(현 내, 시 내에서 지원해 오는 자원봉사자에게는 그 지역 가까운 곳에서 활동하도록 지시했다). 한편 NPO 등 단체 자원봉사는 별도로 센다이시 시민활동서포트센터가 접수창구가 되었다. 이와 같은 분담이 생긴 것은 재해 전부터 센다이시가 시민활동을 복지형과 테마형으로 나눠 복지형 관리는 사회복지협의회, 테마형 관리는 시민활동서포트센터에 할당했기 때문이다. 이러한 분담은 센다이시의 특색이다.

시재해자원봉사센터는 타 현에서 오는 개인 자원봉사자의 접수 외에 이재민의 요청이나 피해지역의 정보를 수집·정리하고, 접수받은 자원봉사자들을 특히 인원이 부족하다고 생각되는 곳에 파견했다. 단 이것은 재해자원봉사센터에서 접수한 자원봉사자에 대한 것이고, 직접 피해지역으로 자원봉사를 하러 가는 사람까지는 파악할 수 없었다.

시재해자원봉사센터는 5월 초까지 정식으로는 타 현에서 오는 자원봉사자를 모집하지 않았다. 도로의 교통 규제 등이 있었기 때문이다. 사기가 넘치는 타 현에서 오는 자원봉사자가 많이 있었지만, 현지에서 쉽게 받아들이지 못하는 딜레마가 있었다.

접수된 자원봉사자의 총인원 수는 각 구의 자원봉사센터가 정기적으로 연락하여 대충 파악하고 있었고, 특수기능이나 특별 물자를 가진 타 현에서 온 자원봉사자에 대해서는 현사협이 정보를 모아 시사협에 리스트를 보내고 있었다.

3) 센다이시 사협이 안고 있는 문제

시사협이 재해자원봉사센터를 운영할 때에 생긴 불편함과 문제점도 있었다.

첫째로 지진 직후 정보수집이 극히 곤란했다. 격심한 재해로 통신망이 끊기고 정전이 되었기 때문에 센다이 사협의 정보수집 수단은 라디오와 PHS회선[4]밖에 없었다. 그렇지만 이것은 피해지역 모두가 안고 있던 불편함이고 사회복지협의회 고유의 문제는 아니다. 재해에 강한 통신망의 정비는 앞으로 해결해야 할 사회 과제이다. 단 사협도 정보수집 능력이 한정되어 있는 상황에서도 초동 지원체제를 효과적으로 구축할 수 있는 방법을 고민해야 한다.

둘째, 사회복지협의회는 수동적으로 활동하는 경향이 있고, 이는 초동 지원의 효과를 높이지 못하는 요인이다. 사회복지협의회는 능동적으로 정보수집(요구사항의 발굴)을 하는 체질은 아니었다. 숨어 있어서 발신되지 않은 이재민의 요구사항을 발굴하는 것은 이재민들 스스로의 자조노력과 민간자원봉사자의 능동적 지원에 대부분 의존하고 있었다.

셋째, 연일 대거 밀려오는 개인 자원봉사자들을 받아들여 적절한 작업을 할당하고 파견하는 일련의 업무를 담당할 일손이 사회복지협의회 인원만으로는 절대적으로 부족했다. 시사협에서는 접수(명부 기입) 같은 단순작업은 자원봉사단체 멤버나 그 지역 대학

---

4 Personal Handyphone System. 간이형 휴대전화 시스템. 90년대 중후반 일본에서 많이 사용되었으나 현재는 휴대전화의 발달과 요금 인하로 인해 사업자와 가입자 모두 감소한 상태이다—옮긴이.

생 등에게 도움을 받았다(시사협은 평소 자원봉사 강습회에 참가한 사람을 등록해 두었지만 이번 재해에서는 그 사람들도 이재민이 되었기 때문에 도움을 기대할 수 없었다). 현실에서는 자원봉사센터를 건너뛰고 직접 현장으로 향하는 개인 자원봉사자나 곧바로 자원봉사단체에 합류하는 개인 자원봉사자들도 많이 있었다. 그렇기 때문에 타 현에서 오는 개인 자원봉사자가 대거 밀려오는 사태에 대응하는 방법에 대해서는 현행 그대로 사회복지협의회가 설치하는 자원봉사센터 창구에서 접수하는 방법이 좋을지, 아니면 다른 방법도 생각해 봐야 할지 하는 문제가 남아 있다.

넷째, 다른 현에서 오는 개인 자원봉사자는 체재하고 활동할 수 있는 날이 제각각이고, 장기간 체재하고 활동할 수 있는 사람은 적다. 그렇게 때문에 시간이 걸리거나 계속성을 요구하는 작업에 개인 자원봉사자들을 안정적으로 충당하는 것은 어려웠다(후임 찾는 것도, 지속하는 것도 어려웠다). 여기에 대해서는 유동성이 높은 개인 자원봉사자들을 어떻게 조직하여 지속적으로 안정된 지원의 힘으로 만들어 갈수 있을지 사회복지협의회의 책무를 넘어선 일반적인 과제가 남아 있다.

다섯째, 사회복지협의회는 전국적인 네트워크를 가지면서도 각지의 사회복지협의회별로 재해대책에 차이가 있어서 재해대응 매뉴얼은 각지의 사회복지협의회에 맡긴 채 최소한의 내용 통일도 없었다. 그래서 자원봉사(단체, 개인)와 사회복지협의회의 관계 설정도 각 사회복지협의회마다 인식이 다르고, 양자의 원활한 협력관계가 성립하기 어려운 곳도 있었다(센다이시 사협은 원활했지만). 이것은 재해지원에 정통한 자원봉사(단체, 개인)와 사회복지협의회가 재해지원에 있어 각각의 역할에 대해 평소 전국 공통의 인식을 가지는 것이 중요함을 암시하고 있다.

3. 재해지원에 대해 사회복지협의회가 해야 할 역할

1) 사회복지협의회의 특장特長

사회복지협의회는 분명 지진 등의 대재해시에 재해자원봉사센터를 설치하고 개인 자원봉사자의 접수, 배치 등에 진력을 다해 왔다. 그 노하우는 유익하다. 그러나 앞에서 말했듯이 개선의 여지나 과제를 안고 있다.

그러면 사회복지협의회는 어떻게 초동 지원에 관계하는 것이 바람직할까. 우선은 사회복지협회만의 특장(강점)이 어디에 있는지 생각해 보자.

(1) 재해지원 주요 주체의 강점과 약점 비교

재해지원활동에 필요한 것을 굳이 단순화하면 '인력', '정보', '법적책임'이 될 것이다. '인력'은 일하는 사람 수와 일하는 사람이 가진 능력 모두 포함한다. '정보'는 재해지원 시에 피해지역의 요구사항 및 지원 능력에 관한 정보를 수집하는 힘, 그리고 피해지역에서 언제 무엇이 필요한지 정보를 발신하는 힘 양쪽 모두를 포함한다. '법적책임'은 지원 행동에 법적인 권한과 책임을 어느 정도 가지고 임

할 수 있는가 하는 것이다. 예를 들면 소방대원은 소화활동 시 소화, 연소방지 또는 인명구조를 위해 '긴급한 필요'가 있을 때는 현장 소방장의 허가를 얻어 불타고 있는 집이나 이웃집이 아니더라도 필요한 집이나 물건을 파괴하는 것이 허가된다〔소방법 29조 3항. 단 그 파괴소방의 손실을 보상하는 법적 책임을 지고, 보상비용은 관계 시정촌이 부담하게 되어 있다(동 29조 3항, 4항)〕. 그러나 민간 자원봉사에는 (파괴소방을 할 수 있는 물리적인 실력이 설령 있다고 해도) 파괴소방을 정당화하는 법적 근거가 빈약하고, 만일 파괴하면 위법성을 묻게 될 가능성이 높다. 게다가 파괴에 의한 손실을 배상할 경제력도 자원봉사자 개인에게는 없는 경우가 많을 것이다. 그렇기 때문에 자원봉사자는 대부분의 경우 파괴소방을 실행할 법적 정당성이 없고, 실행해도 법적 책임을 전부 진다는 것은 불가능하다. 이렇게 지원 내용에 따라서는 주체별로 법적인 권한과 책임이 달라 그것이 (물리적인) 실행력을 규제하고 제약할 수 있다.

이들 세 가지 측면에서 자치단체, 사회복지협의회, 자원봉사의 강점, 약점을 비교한 내용이 〈표 3-1〉에 있다. 표를 보면 알 수 있듯이, 자치단체, 사회복지협의회, 자원봉사는 재해지원에서 강점과 약점이 각각 다르다. 약점으로 말하자면 자치단체는 '인력'과 '정보' 수집력이 약하다. 자원봉사는 '정보'의 발신력과 '책임'을 다하는 점에서 약하다. 사회복지협의회는 '인력'도 '정보'도 '책임'을 지는 정도도 모두 불충분하다. 사회복지협의회에는 이렇다 할 강점이 눈에 띄지 않는다.

표 3-1. 행정, 사회복지협의회, 자원봉사의 강점, 약점 비교

	인력	정보	법적책임
자치단체	X (행정 관계자가 직접 지원에 관계하기에는 인원수가 부족하다.)	△ (공공기관으로서의 신뢰성이 있으므로 발신력은 강하다. 그러나 수집력은 약하다.)	◎ (작업에 대한 책임을 전면적으로 진다.)
사회복지협의회	X (사회복지협의회 단독으로는 인원수가 부족하다.)	△ (시구정촌, 현 등 각 사회복지협의회를 통해 수집 능력은 있지만, 수동적 수집에 머무른다.)	△ (활동에 있어 민간 주체 대우가 원칙이므로, 질 수 있는 책임에는 한계가 있다.)
자원봉사	◎ (인원수 면에서 압도적. 뛰어난 능력을 가진 사람도 있다.)	△ (인해전술로 적극적으로 요구사항을 파악하므로 수집 능력이 강하다. 반면, 스스로 정보망을 구축하여 발신하는 힘은 약하다.)	X (개인 자원봉사자는 위험한 작업을 하는 것이 허가되지 않는다. 위법행위의 배상책임은 개인 자산과 보험 한도에서만 가능하다.)

(2) 사회복지협의회의 특장

그렇지만 사회복지협의회에 대해 재해지원의 이와 같은 약점, 혹은 강점이 없음을 단점이라 평가하는 것은 불공정하다. 원래 재해지원은 사회복지협의회의 본 업무가 아니기 때문이다. 그럼에도 불구하고 한신·아와지 대지진 이후, 사회복지협의회는 재해자원봉사센터의 설치나 재해 자원봉사자의 접수, 배치 등 새로운 업무에 적극적으로 임해 왔다. 이런 점에 대해서는 긍정적으로 평가해야 할 것이다.

요컨대 사회복지협의회만의 강점은 재해지원이라는 단면만 보고 생각할 것은 아니다. 그 특장은 오히려 제도 그 자체가 가지는 기능이나 효과에서 답을 구해야 할 것이다. 즉, 자치단체, 자원봉사 양쪽 모두와 교류가 있고 통하고 있다는 것, 그리고 조직기반이 법령에서 보장받고 있어 견고하고 게다가 전국 네트워크를 자랑한다는 것, 1951년의 구 사회복지사업법 이래 반세기 이상이나 존속해 왔으며 사회적으로 이미 정착된 조직이고 사회의 신용도 높다는 것, 자원봉사자의 양성이나 자원봉사 운영자 양성도 하고 있어 재해지원을 담당하는 사람을 양성할 수 있다는 것, 이러한 점에서 장점을 찾는 것이 타당할 것이다.

2) 사회복지협의회는 무엇을 해야 하는가

(1) 사회복지협의회 단독으로 초동 지원 능력을 높인다고 하는 선택지-비현실적

그럼 사회복지협의회의 특장을 이와 같이 파악했을 때, 사회복지협의회가 재해지원 장면에서도 무언가 역할을 수행해야 한다면 어떻게 해야 할까. 이를 위해서는 〈표 3-1〉에 나온 3자 3색의 약점을 극복하고, 초동 지원의 실효성을 높이기 위해 사회복지협의회의 특장을 살려 가면서 무리 없이 가능한 역할을 수행해야 할 것이다.

우선 3자 3색의 약점을 극복하고 초동 지원의 실효성을 높이기 위해서는 크게 두 가지 선택지가 있다. 하나는 3자 각자가 각각의 약점을 단독으로 극복하고, 각자가 인력, 정보, 법적 책임의 세 가지 측면을 겸비하여 종합력을 가지게 하는 방향(선택지 ①), 또 하나는 상호 협력하여 3자의 힘을 합쳐 종합력을 높이는 방향이다(선택지 ②).

선택지 ①은 현실적이지 않다. 간단하게 그 이유를 살펴보자.

우선 행정기관에 대해서 말하자면, 재해지원에 있어 약점은 인력이지만, 이를 보완하는 것은 용이하지 않다. 분명 인력 확보를 위해 자치단체는 민간기업과 종종 방재협정을 맺고 있다. 이 협정은 재해 시에 각 기업이 자사가 가지고 있는 기능(운반이나 물자의 확보 등)을 활용하여 지원에 협력하는 내용을 정하고 있다. 그러나 재해 시에 해당 기업도 피해를 입으면 지원 여력이 없으며, 그 기업에게 협정 대로 협력할 것을 강제할 수도 없다. 이런 종류의 협정은 본질적으로 기업 측의 자발적인 협력(후의)에 기대는 협정이고, 엄밀하게 말해 법적 구속력을 가지는 계약은 아니다(만약 계약이라면 기업은 애당초 체결을 하지 않을 것이다). 이론상으로는 기업 이외의 인력을 확보하기 위해 자치단체가 유능한 일반인을 임시 직원으로 고용하는 방법도 있지만, 대부분의 자치단체가 재정난을 겪고 있는 상황에서는 탁상공론에 불과하다. 일반인과 방재협정을 맺어도 앞에서 말한 기업과 마찬가지 이유로 실효성은 확보할 수 없다.

다음으로 자원봉사에 대해서 말하자면, 그 약점인 법적 책임을 전면적으로 갖추는 것은 현행법을 전제로 하고 있는 한 불가능하다. 본래 법령이 공공기관의 배타적인 권한으로 정하고 있는 특정 지원 작업(특히 고도의 위험을 동반하는 것)에 자원봉사자가 관여하는 것은 금지되어 있다. 그리고 법령이 금지하고 있지 않는 범위의 지원 작업이라 해도, 또 자원봉사자가 물리적인 의미의 실행력이나 높은 능력을 가지고 있다 해도 자원봉사자는 법적인 책임을 다 질 수 없다. 자원봉사자는 자기 책임이 원칙이므로, 예를 들어 손해배상을 해야 할 경우 자기 자산과 자원봉사 보험으로 커버되는 범위에서만 책임을 질 수 있다(이와 같은 이유로 현행법을 개정해서 공익활동을 위한 자원봉사활동에서 생기는 배상책임을 소방대원이나 경찰관의 활동에서 생기는 배상책임에 준하여 공공기관이 배상하도록 해야 한다고 하는 의견도 있다).[5]

5 하라다 겐이치로原田賢一郎, 〈재해발생 시의 응급대책을 위한 제도의 구조災害発生時の応急対策のための制度の仕組み〉 이쿠타 오사토生田長人 편, 《방재법과 시스템防災の法と仕組

그리고 사회복지협의회도 약점(인력, 책임 있는 실행력)을 단독으로 극복하기는 어렵다. 책임 있는 실행력을 개선하고 싶어도 현행법의 벽이 있다. 이에 대해서는 자원봉사자에 대해 얘기한 것과 같다. 또 인력은 사회복지협의회의 전국 네트워크를 사용해도 충분히 동원할 수는 없다. 바로 이것이 동일본 대지진 현장의 실상이었다.

(2) 사회복지협의회가 자치단체와 자원봉사의 중간자가 되는 선택지-현실적

그렇다고 한다면, 앞에서 말한 선택지 ② (자치단체, 사회복지협의회, 자원봉사의 3자가 상호 협력해서 종합적인 지원 능력을 높이는 것)가 현실적인 해결책이 된다. 그렇다면 상호 협력은 구체적으로 어떻게 하는 것이 최선일까. 특히 사회복지협의회는 어떻게 하면 좋을까.

현행 사회복지협의회의 재해원조 방식을 계속하는 것만으로는 초동 지원의 효율을 최대화할 수 없다. 이는 평소 준비를 하고 있었던 센다이시사협도 문제점을 안고 있었다는 점에서 보여지듯 명확하다. 특히 개인 자원봉사 접수, 요구사항과의 매칭, 배치는 피해지역의 요구사항 정보와 자원봉사 정보의 수집, 정리, 공유, 발신(총칭하여 정보처리)의 시스템을 어떻게 구축하는가 하는 문제와 연동되어 있다. 사회복지협의회만으로 그런 정보처리의 중심이 될 수 있는 힘(capacity)이 안 된다면 사회복지협의회에 개인 자원봉사자의 접수, 파견을 맡기는 현행 구조는 재검토해야 할 것이다. 그 대

み》(東信堂, 2010年), pp.87-131, p.118.

신 제1장, 제2장에서 살펴본 것과 같이 '협의회형' 중간지원조직의 일부에 사회복지협의회를 받아들여 정보수집 능력이나 접수, 매칭, 파견은 지원조직에 참가하는 재해지원의 정보처리 전문 자원봉사단체에 맡기거나 아니면 여러 자원봉사단체의 힘을 합치는 것으로 개선하고, 사회복지협의회는 전국 네트워크와 사회적 신용을 최대한 활용하여 자원봉사자의 전국적, 계속적 모집을 위해 필요한 정보를 발신하는 역할을 담당(예를 들면 '협의회형' 중간지원조직 홈페이지의 미러사이트를 만드는 것)하는 등, 새로운 개인 자원봉사자 접수, 파견, 모집 시스템으로 개선해 가는 방안을 생각해 봐야 할 것이다.

그러면 사회복지협의회가 특장을 살리면서 무리 없이 할 수 있는 재해지원 공헌에는 무엇이 있을까.

우선 재해 시에는 '협의회형' 중간지원조직의 일부로서 각종 자원봉사단체, 자치단체와 연계하여 적절한 역할을 담당하는 것을 생각할 수 있다.

다음으로 평상시에는 자치단체(공공기관)와 자원봉사 양측 모두 관계를 맺고 있는 사회복지협의회의 장점을 살려서 양측의 중간자로서 양자가 재해지원 초동 단계에서부터 연계할 수 있도록 '토대 구축'을 하는 것이다. 구체적으로는 다음과 같은 새로운 활동을 생각해 볼 수 있다.

(3) 사회복지협의회 노하우의 수집, 정리와 3자 기본지침의 합의

첫째, 재해지원 초동에 관해 사회복지협의회가 축적해 온 노하우를 모은다. 특히 대규모 재해를 경험한 지역의 여러 사회복지협의회로부터 노하우를 수집하고 기본원칙으로 정리한다. 예를 들어 극심한 재해를 겪고 있는 가운데 재해자원봉사센터를 재해발생 후 4일 만에 설치할 수 있었던 센다이시사협의 '가이드라인'과 실천훈련법 등은 사회복지협의회 업무 중 최선의 모범 사례(best practice)일 가능성이 크다. 또한 타 지역 사협에도 실천적이고 유효한 사례가 있을지도 모른다. 이와 같이 사협 내에 이미 가지고 있는 지원활동의 지혜나 노하우, 기술이나 요령을 전사협이 앞장서서 모으고 몇 가지 기본원칙, 기본원리 안案으로 정리한다.

둘째, 이렇게 정리한 기본원칙안을 공표하고 '재해 시 초동 지원에서 자치단체, 사회복지협의회, 자원봉사의 3자가 서로 협력하여 신속하게 협동지원체제를 구축하기 위해서는 이 기본원칙안의 어디를 유지하고 어디를 개선해야 하는가'를 테마로 하여 다수의 재해 자원봉사단체 대표와 다수의 자치단체 담당자를 초청하여 심포지엄을 개최하고 철저하게 토론한다. 한번으로 결론이 나오지 않는다면 몇 번이고 반복해서 끈기 있게 한다. 사회복지협의회가 정리한 기본원칙안이 자원봉사나 자치단체 입장에서 보면 적절치 않다고 생각하는 경우도 있을 것이므로 기본원칙안은 어디까지나 논의의 소재에 지나지 않으며 끝까지 지켜야 할 금과옥조는 아니니 적절한 변경은 감수하고 받아들인다는 태도로 토론에 임해야 할 것이다(따라서 가령 현재 사회복지협의회가 하고 있는 재해자원봉사센터를 발족하여 개인자원봉사를 접수하는 방식도 다른 보다 좋은 방법이 있다면 그 방법으로 변경해야 한다). 그리고 토론 성과를 초동 지원 3자의 기본지침이나 틀로 합의하여 정리하고 전국의 사회복지협의회, 자치단체, 주요 재해자원봉사단체에 보급한다. 3자 역할 분담의 기본 지침이나 틀의 합의를 널리 사회에 알리는 것도 자치단체와 자원봉사의 연계 중간자로서 사회복지협의회가 가장 잘 할 수 있는 것이다.

(4) 리더 및 코디네이터의 양성

셋째, 대규모 재해 피해지역에 대거 밀려오는 개인 자원봉사자들을 모아 활동하게 하는 '개인 자원봉사자 리더'를 양성하는 강좌를 제공하거나, 이들을 양성하는 복지사업자를 모집해야 한다. 예를 들어 개인 자원봉사자들을 5인 1조로 모아 팀을 만들었을 때 팀장 역할을 할 수 있는 사람, 바로 이런 사람이 리더이다. 개인 자원봉사자 리더 양성 강좌는 초동 지원 3자의 기본지침 합의에 입각하여 그 초동체제에 개인 자원봉사자가 원활하게 참여할 수 있도록 지도할 수 있는 리더를 키우는 내용으로 해야 할 것이다.

넷째, '운영자'(대규모 피해지역 현장에서 이재민의 요구사항과 개인 자원봉사자의 능력을 매칭하고 적절하게 배분하는 사람)도 양성해야 한다. 이것도 사회복지협의회가 강좌를 제공하거나 운영자를 양성하는 복지사업자를 모집하면 된다. 그리고 초동 지원 3자의 기본지침 합의에 입각해야 한다. 정보의 수집, 정리, 발신을 정보처리소프트의 개발과 함께 더욱 효율적으로 할 수 있게 된다면, 그런 소프트를 잘 활용하여 현장에서 척척 지시할 수 있는 사람이 운영자가 되는 것이다.

(5) 정보수집과 발신의 고안

다섯째, 재해지원의 초동에서부터 효과를 최대화하기 위해서는 신뢰성이 있는 정보를 신속하게 수집하고 발신하는 것도 중요하다. 이것은 통신사업자, 자치단체, 국가, 자원봉사단체, 사회복지협의회 등 모두가 적극적으로 풀어야 할 과제이다. 다만 사회복지협의회가 정보에 대해 어떤 역할을 담당할지는 초동 지원 3자의 기본지침 합의가 그리는 협력 구조에 따라 달라질 것이다.

4. 정리

이 장에서는 사회복지협의회에 초점을 맞췄다. 사회복지협의회는 원래 재해지원기관은 아니지만 자원봉사센터를 설립하고 개인 자원봉사자의 접수, 파견의 창구 역할을 수행해 왔다. 그러나 실제로는 대거 밀려오는 개인 자원봉사자들을 받아들이는 일손이 부족한데다가 또 매일매일 피해지역의 지원 요구가 변화해 가는 초동기간에 요구사항 정보를 적극적으로 빈틈없이 수집하는 체제도 아니어서 요구에 맞춰 자원봉사자를 적시에 파견하는 것이 충분히 이루어지지는 못했다.

개인 자원봉사자의 접수 요구사항에 맞춘 자원봉사자의 배치는 피해지역의 요구사항 정보와 자원봉사자 정보의 처리 시스템을 어떻게 구축하는가 하는 문제와 연동되어 있다. 사회복지협의회만으로 정보처리를 충분히 할 수 없다면, 사회복지협의회가 '협의회

이시노마키에서. 누구나 남을 위해 할 수 있는 일이 있다—아이들의 미소도 사람들에게 힘을 준다
(사진: 스즈키 다쿠미)

형' 중간지원조직의 일부가 되어 지원조직에 참가하는 재해지원 정보처리 전문 자원봉사단체 등의 능력을 종합하는 것으로 개선해야 한다. 또한 사회복지협의회는 전국네트워크와 사회적 신용을 최대한 활용하여 자원봉사자의 계속적인 모집을 위해 필요한 정보를 발신하는 역할을 담당(예를 들면 '협의회형' 중간지원조직 홈페이지의 미러사이트를 만드는 것)하는 등, 새로운 개인 자원봉사자 접수, 파견, 모집 시스템으로 개선해 가는 방안을 생각해 봐야 할 것이다.

사회복지협의회의 특징은 법적으로 보장된 전국 네트워크 조직 기반, 사회적인 신용과 복지사업의 실적, 자치단체(공공기관)와 자원봉사 양측 모두와 인적 교류가 있어서 이를 통한 연계 촉진 능력이 있다는 점이다. 그렇기 때문에 앞으로 사회복지협의회는 재해발생시 타 재해지원 주체와 적극적으로 연계하면서 장점을 최대한 살리는 역할을 담당할 필요가 있다. 또 평소에 자원봉사와 자치단체(공공기관)가 재해발생 시 신속하게 연계할 수 있도록 '토대 구축'(재해지원 노하우의 정리·보급, 재해 대응 능력이 있는 인재 양성)에 노력을 기울여야 할 것이다.

결론

해결을 위해 — 초동체제 가이드라인

저녁 미팅(사진: 스즈키 다쿠미)

나카무라 다미오中村民雄

이제까지 '재해 직후 초동 기간(최초 1개월) 지원활동의 혼란을 어떻게 하면 최소화할 수 있을까' 하는 서장에서 던진 문제를 풀기 위해 일본의 모범 사례를 살펴보았다. 한신·아와지 대지진, 동일본 대지진 두 대지진에서 초동 지원의 성과를 크게 올린 실제 예를 연구하고(제1장, 제2장), 또 지진 후 4일 만에 자원봉사센터를 (쓰나미 피해가 컸던 연안지역에) 세운 센다이시 사회복지협의회(사협)의 활동 예도 보았다(제3장).

사례 연구에서 볼 수 있었던 것은 재해지원 시 사회복지협의회의 역할은 앞으로 재검토할 필요가 있다는 것이고(제3장), 또 하나는 자원봉사자(단체, 개인), 사회복지협의회, 자치단체 3자가 연계하여 ‘협의회형’ 중간지원조직을 피해지역이나 그 근처에 만들어 비교적 빠른 시기에 재해지원에 성과를 올린 예가 앞으로도 참고가 될 것이라는 것이다(제1장, 제2장).

그래서 결론에서는 3자 ‘협의회형’ 중간지원조직에 공통적으로 보이는 생각을 정리하고, 이 방식이 각종 대재해의 초동 지원에 응용 가능하다는 것을 확인한 다음, 이것이 품고 있는 문제점이나 한계의 극복방안을 생각한다. 그 다음에 일반적인 과제로 돌아가서 앞으로의 전망을 살펴본다. 일반적인 과제란 지진, 쓰나미, 홍수 등 각종 대규모 자연재해가 발생할 때에 공통적으로 이용할 수 있는 단순명료하면서 응용 가능한 초동 지원체제의 기본형과 같은 것을 구상할 수 있을지, 그리고 그 기본형은 가령 재해로 자치단체가 괴멸적인 타격을 받아도 곧바로 피해지역의 사람들과 자치단체가 다시 일어설 수 있는 ‘회복 가능한 사회(resilient society)’의 기본형이 될 수 있을지 하는 과제이다. 그 해결 전망을 마지막에 논하고자 한다.

1. ‘협의회형’ 중간지원조직의 방안

1) 조직 구조와 운영의 방안

(1) 3자의 수평적, 자주적인 연계조직

‘협의회형’ 중간지원조직에 공통되는 점은 첫째, (특히 단체) 자원봉사자가 수평적으로 연계하는 조직을 자발적으로 만들어 여기에 자치단체 등의 공공기관과 사회복지협의회가 참가하고, 3자가 상하 관계없이 연계하여 지원활동을 수행한다는 점에 있다.

여기에 내재되어 있는 중요 요소는 자원봉사, 사회복지협의회, 공공기관의 수평적인 연계관계, 조직의 설립, 운영, 실태에서 자발성 및 자주성, 그리고 사람들의 폭넓은 참가 개방성(자원봉사자가 피해지역 외의 사람들인 경우도 많다)이다. 이와 같은 요소들은 '협의회형' 중간지원조직이 군대와 같이 지휘명령통제가 철저한 닫힌 집단이 아니라는 것을 나타낸다. 그 지역 사람들뿐만 아니라, 평소 훈련을 받고 있지는 않지만 인터넷을 보고 지원하러 오는 '유사시 행동'형 개인 자원봉사자들도 널리 쉽게 참가할 수 있고, 자신의 취미나 기능을 자연스럽게 발휘할 수 있다. 지휘명령형의 조직(자위대나 재해지원 전문 자원봉사단 등)도 자신들에게 할당된 역할을 자기 방식대로 자율적으로 일할 수 있다고 한다면 참가가 용이할 것이다. '협의회형'의 수평적이고 자발적인 연계조직체제는 원래 재해지원에 참여해야 하는 주체와 자발적으로 참여하고 싶은 사람들 양쪽 모두를 널리 받아들일 수 있고, 각 주체가 자기가 해야 할 일이나 할 수 있는 일을 자연스럽게 할 수 있게 한다. 이러한 '협의회형' 조직은 재해 종류를 불문하고 설립할 수 있기 때문에 자연재해 초동지원의 일반적인 기본형이 될 수 있을 것이다.

(2) 연계의 핵심이 되는 '전체회의'

둘째로 '협의회형' 조직에는 재해지원에 종사하는 각종 주체의 대표가 매일 저녁 한곳에 모여 '전체회의'를 개최하는 훌륭한 방안이 있었다. 여기에서 재해지원의 주요 주체 모두가 상호 커뮤니케이션을 취하고, 각종 요구사항 정보를 집약하여 지원능력과 맞추는 일이 전체회의와 분과회의 자주적인 협의로 결정된다. 여기에는 이와 같이 매우 효율적인 정보교환과 의사결정이 확보되어 있다. 이 방안도 한곳에 모일 장소를 확보할 수 없을 때를 빼고는 어떤 종류의 재해 대응에도 거의 항상 응용 가능할 것이다.

(3) 변화하는 지원 요구사항에 유연히 대응할 수 있는 '분과회' 편성

셋째, '협의회형' 중간지원조직은 결집한 단체, 개인 자원봉사자들을 피해지역의 변화하는 지원 요구사항에 맞춰 대응할 수 있는 직무별 '분과회'에 편성했다(표 4-1). '분과회'는 지진, 쓰나미, 홍수 등 재해 종류에 따라 달라지는 요구에 대응하고, 임기응변으로 편성 가능하다. 또 시간의 경과와 함께 변화해 가는 요구사항에 따라 '분과회'의 통폐합이나 신설을 통해 지원능력을 대응시켜 가는 것도

표 4-1. 지원 요구의 유형과 분과회의 대응

<table>
<tr><th colspan="2">사례
유형</th><th>고베 분과회</th><th>이시노마키 분과회</th><th>도노 프로젝트</th></tr>
<tr><td rowspan="5">이재민의 요구</td><td>의료</td><td rowspan="2">보건, 의료, 복지</td><td>의료</td><td></td></tr>
<tr><td>위생, 건강</td><td>휴식
마음의 치료
가설 살롱
진드기 버스터즈
(피난소 위생개선)</td><td>마음의 치료, 족탕</td></tr>
<tr><td>물자, 식료</td><td rowspan="2">행정 물자</td><td>취사
생활지원(가설지원)</td><td>취사물자</td></tr>
<tr><td>물류</td><td>이송</td><td>후방지원</td></tr>
<tr><td>약자</td><td>외국인 지원</td><td>어린이</td><td></td></tr>
<tr><td rowspan="2">피해지역의 요구</td><td>특별 요구</td><td>자원봉사자 문제
정보네트워크</td><td>머드 버스터즈(진흙 청소)
카누대(어구 회수)</td><td>잔해 철거반(이외에도 냉동 꽁치 처리반 등)</td></tr>
<tr><td>부흥</td><td>부흥, 행정, 지역</td><td>부흥 마인드</td><td></td></tr>
</table>

그림 4-1. 자원봉사, 사협, 자치단체의 3자 협의회 조직 모델

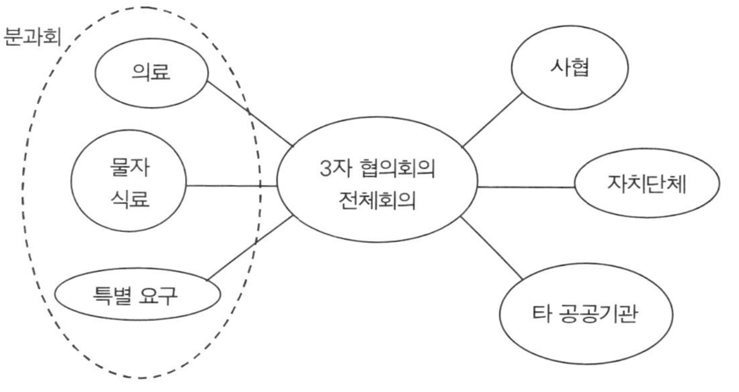

가능하다.

이상의 내용에 입각하여 '협의회형' 조직 모델을 그린다면 핵심이 되는 '전체회의'에서 상하관계가 없는 '분과회', 사회복지협의회, 자치단체 등과의 연계가 사방팔방으로 확장되는 그림이 된다(그림 4-1).

(4) 거점의 선택, 이동 가능성

게다가 '협의회형' 중간지원조직은 거점의 입지를 비교적 자유롭게 선택하여 이동할 수 있다. 피해지역뿐만 아니라, 피해지역 이외의 근교에(그 지역의 자치단체와 사회복지협의회의 협력이 있다면) 설치할 수도 있고, 후방으로 옮기는 것도 가능하다. 이는 피해지역의 자치단체가 괴멸적인 타격을 입은 극단적으로 심각한 상황에도 응용 가능한 체제라는 것을 보여 준다. 고정된 장소에서 이동하기 어려운 시청, 설치 장소가 예정되어 있는 사회복지협의회의 자원봉사센

터 등에 비해 입지에 자유도가 있어 각종 재해 대응의 가능성을 높일 수 있다(물론 피해지역에서 멀어질수록 실제 활동에 시간과 비용이 더 소요된다).

2) 실제 활동 방안

'협의회형' 중간조직에는 실제 다음과 같은 지원활동 방안이 있다.

(1) 정보수집, 집약, 능력 매칭

협의회에 모인 자원봉사자(단체, 개인)는 능동적인 지원요구 수집 활동에 있어 인해전술 등을 통해 큰 능력을 발휘했다. 고베, 이시노마키의 경우, 자원봉사자가 매일매일 할당된 지구에서 직무별 지원을 하면서 거기에서 접한 다양한 요구사항 정보를 매일매일 전체회의에 가져왔다(지리, 직무 조합에 의한 정보수집). 자치단체 및 사회복지협의회로부터 받은 정보에 더해 그 날 각 지구에서 활동한 자원봉사자 대표가 지구별로 요구사항 정보를 수집해 전체회의에 제공하였고, 전체회의에서는 직무별 분과회에 대응해야 할 요구사항을 할당하였다. 그 다음 분과회에서는 자주적으로 담당 단체, 개인을 결정했다. 협의회는 실제 활동 → 전체회의 → 분과회 → 실제 활동의 순환적 프로세스이며(그림 1-2), 이를 통해 요구사항 정보의 수집, 집약 정리, 지원 능력과의 매칭을 하고 있었다. 이는 매일매일 변하는 요구사항이나 지원능력에 탄력적으로 대응하는 방안이고, 더 나아가 재해 종류를 불문하고 응용할 수 있다.

(2) 능력, 지식, 면식面識의 인계

고베, 이시노마키의 협의회에서는 분과회 소속 단체별로 자율적인 활동(자기 스타일의 방식)에 맡겼다. 반면에 도노 진심 네트워크에서는 오히려 단체의 틀을 깨는 방법을 취했다. 여기에서는 직무별 분과회에 해당하는 프로젝트(○○대)의 노하우나 기능을 가진 리더 단체에, 단체의 틀을 깨고 다른 자원봉사단체의 멤버를 동행시켜 노하우와 기능의 공유, 보급을 도모했다. 또 어느 한 지구의 선견 단체에 후속 단체의 멤버를 섞기도 하고 해서, 그 지구의 지역 사람들과 면식과 신뢰를 쌓아 선견 단체로부터 다음 단체로의 인계를 원활하게 했다. 이와 같이 단체의 틀을 깨고 특정 직무에 능숙한 멤버가 미숙한 멤버와 함께 일하면서 가르치고 양성하는 현장교육형(on the job training, OJT)의 방법을 취했다.

이 수법은 개인 자원봉사자가 많이 참가하는 상황에 특히 잘 응용될 수 있을 것이다. 직무별 프로젝트 및 분과회의 리더 단체에 개인 자원봉사자를 섞어 현장교육으로 기본 기능을 습득시키면, 그 개인 자원봉사자는 다음에는 리더가 되어 다른 개인 자원봉사자를 자기 팀에 받아 활동할 수 있게 된다. 또 개인 자원봉사자는 참가기간이 짧고 교체가 심하지만 참가기간이 비교적 긴 개인 자원봉사자를 현장교육을 통해 리더로 양성하여 그 지역의 사람과 면식을 갖게 하는 것도 가능하다. 단체 자원봉사자의 경우 단체의 틀을 깨는 것에 저항이 있는 경우도 있지만, 자발적으로 단체 간에 서로 협력하는 것도 기대할 수 있다.

(3) 활동 정보의 발신 – 자원봉사자의 지속적인 모집

도노 진심 네트워크도 이시노마키의 협의회도 개인, 단체 자원봉사자를 지속적으로 모집하기 위해 블로그나 홈페이지에 활동 내용을 소개하고 있다. 자원봉사자 경험이 없는 사람을 위해 '준비와 마음가짐'에 대한 글도 게시하고 있다.

이와 같은 인터넷상의 모집과 더불어, 직접 몸으로 부딪치는 것을 중시하는 모집도 계속하고 있다. 즉 자원봉사 경험자가 돌아간 후 전국 각지에서 '동창회'를 만들어 보고회를 하거나, 자원봉사단체의 본부가 있는 도시에서 설명회나 보고회를 열어서 자원봉사자를 모으기 위한 노력을 하고 있다.

2. '협의회형' 중간지원조직의 한계, 문제점의 극복

1) 발족 시 인물 의존, 3자 연계 노하우 전수 부족

한편 '협의회형' 중간지원조직이 각종 자연재해 초동 지원체제의 기본형이 되기 위해서는 몇 가지 한계, 문제점을 극복할 필요가 있다.

최대 문제점은 발족 시에 인물 의존도가 크다는 것이다. 고베, 이시노마키, 도노 어느 곳의 예를 보아도 '협의회형' 조직의 발족은 우연히도 그런 아이디어를 가지고 있었고, 그 지역 관계자와 교우관계가 있었던 인물이 존재했기 때문에 가능했다. 이래서는 너무 우연에 좌우되어서 훌륭한 노하우 전수도 확실하게 할 수 없다.

'협의회형' 조직의 아이디어와 운영 노하우를 개선하고, 최선의 모범 사례로 사회에 보급해서 사회 공통의 노하우로 만들어 나가면 인물 의존에서 탈피할 수 있다. 그렇기 때문에 현행 '협의회형' 실무를 개선하여 단순명쾌한 '가이드라인'으로 정리한 다음 널리 보급하는 것이 최선일 것이다. 이 가이드라인에 입각해서 평소에 자원봉사 리더, 요구사항과 지원능력을 매칭하는 운영자 등의 인재를 양성하고, 이에 입각한 초동 지원체제의 설립 훈련 등을 반복하면 보급 효과는 더욱 높아진다. 사회복지협의회는 이런 면에서 많은 역할을 할 수 있을 것이다(상세 내용은 96-98쪽 참조).

2) 피해지역의 사람들, 거점지의 자치단체, 사회복지협의회로부터의 신뢰 확보

둘째, 애초에 '협의회' 거점지의 자치단체나 사회복지협의회, 그리고 피해지역의 주민들로부터 '협의회'가 신뢰를 얻지 못하면 안 된다. 고베도 이시노마키도 도노도 거점 설립자 자신이 그 지역에서 신뢰를 얻고 있던 인물이거나, 그 지역의 그런 인물과 만나거나 해서 신뢰를 쌓을 수 있는 인물이었다. 이러한 인물 의존을 탈피하지 않으면 안 된다. 애초에 재해지원은 공익활동이므로, '협의회'를 발족시키는 인물의 신뢰와 상관없이 개시되는 것이 이상적이다.

이를 위한 방안으로 우선 자원봉사자의 초동 지원활동이 공익활동이고, '협의회형'이 성과를 올릴 수 있는 유효하고 유익한 체제라는 것을 모든 자치단체, 사회복지협의회, 전국의 많은 사람들이 이해할 수 있도록 우선은 앞에서 말한 '가이드라인'을 통해 평소에 널리 반복해서 알리는 것이 좋을 것이다. 각종 자연재해가 발생할 때 자원봉사자, 자치단체, 사회복지협의회 3자가 협동하여 지원에 임하는 방법을 전국 공통의 초동기본형으로 가이드라인에서 제시하고, 이 가이드라인에 입각해서 전국 방방곡곡의 자치단체가 예를 들어 연 1회, 3월 11일을 대재해 훈련일로 하여 그 지역 자원봉사단체나 사회복지협의회와 협력해 그런 조직을 발족시키는 훈련을 하는 것이다. 이와 같은 평상시 보급으로 '협의회형'에 대한 이해가 평소부터 널리 퍼져 있으면, 가령 거점을 피해지 외부 근교에 두는 타입의 지원조직이 나타나도 그 지역의 관계자가 무조건 난색을 표하는 사태는 피할 수 있을 것이다.

한편, '협의회'의 거점을 발족하는 자원봉사단체 측도 일정 기간은 그 거점에 머물러 지원활동을 지속한다는 확약(commitment)을 피해지역이나 거점지의 자치단체 및 사회복지협의회와 교환하는 등 지역 관계자들의 신뢰를 얻기 위해 태도를 처음부터 명확하게 해야 할 것이다.

3) 활동자금의 조달과 설명 책임

세 번째 문제는 재해지원 자원봉사활동의 지속적인 자금조달이다. '협의회'로 조달하든, 각 자원봉사단체가 개별로 조달하든, 재해 규모가 크고 재해지역이 넓을수록 지원에는 시간도 걸리고, 비용도 상당히 든다. 자원봉사자는 자기완결, 자기책임이 원칙이지만, 그 활동은 사례 연구에서도 보았듯이 자치단체나 사회복지협의회가 갖지 못한 능력을 보완하고도 남는 공익활동이다. 그렇기 때문에 적어도 3자 '협의회'에서 하는 자원봉사활동에 대해서는 자치단체, 공공기관이나 사회복지협의회로부터 (현행 법령으로 허가되는 범위의) 자금조성, 현물공급 또는 편의제공이 있어야 할 것이다.

또 자원봉사단체나 '협의회'도 재해발생 시의 모금에는 두 종류가 있다는 것을 사회에 알려야 한다. 하나는 이재민을 위한 의연금, 또 하나는 이재민을 돕는 사람들(자원봉사자)을 위한 기부금이다. 어느 쪽도 마찬가지로 지원, 부흥을 위해 반드시 필요한 것이라고 알릴 필요가 있다. 동시에 자원봉사단체나 '협의회'는 받은 기부금에 대해서는 용도에 대한 설명 책임이 따른다는 것을 자각하고 스스로 활동내용과 회계를 정기적으로 보고해야 한다.

4) 지원할 수 있는 지리적 한계와 타 '협의회형' 조직과의 연계

네 번째는 '협의회형' 조직이 수행할 수 있는 지리적 행동범위가 거점에서 반경 30km 정도라는 한계다(제1장 참조). 국지적인 재해의 경우에는 이것으로도 충분하겠지만, 광역에 걸친 대재해의 경우는 30km마다 '협의회형' 조직의 거점을 두고 상호 연계를 도모한다고 하는 구상도 필요하다. 하지만 이것을 가능하게 하기 위한 전제조건으로 우선은 '협의회형' 조직을 재해지원 초동체제의 기본형으로 하여 정착시킬 필요가 있다.

5) 통제와 운영-특히 개인 자원봉사자의 통솔

다섯 번째 문제는 '협의회형' 조직 아래 자원봉사자의 행동 질서와 자원봉사자간의 협조를 확보하는 문제이다. 자원봉사자는 조직화 유무로 개인과 단체로 분류할 수 있고, 또 경험과 기능의 정도로도 분류할 수 있다. 경험, 기능이 있고, 조직화되어 있는 단체일수록 자율성이 높고, 타 단체와의 협조가 어려워지는 경향이 있다. 그러나 이는 각 협의회의 구체적인 상황에 따라 자주적으로 해결해야 할 개별 문제인 것이 대부분이다.

오히려 일반적인 과제로 논해야 할 것은 경험은 없지만 사기가 높은 개인 자원봉사자, 이른바 '유사시 행동'형 개인 자원봉사자들의 조직화와 통솔이다. 그리고 '협의회'에 참가하는 단체와 개인 자원봉사자들의 지원활동 행동규범, 거점과 숙영지에서의 생활 자치 규율 확보이다.

'유사시 행동'형 개인 자원봉사의 조직화와 통솔은 도노 진심 네트워크의 방안이 참고가 된다. 구체적인 직무 기능이 있는 리더 단체에 개인을 섞어 활동하게 하고, 현장교육으로 기능을 익히게 하여 집단행동의 원리를 체험적으로 배우게 하는 방식이다(제2장 참조). 하지만 이 문제는 다른 방안도 있을 수 있기 때문에 앞으로도 현장의 경험을 축적하여 공유하고 보다 좋은 것으로 해 나가는 수밖에 없을 것이다.

자원봉사자 지원활동의 올바른 자세, 또는 한계를 나타내는 행동규범에 대해서는 이 책에서 다룬 사례 중에서는 아무것도 나오지 않았다. 생활규율의 자치적 확보에 대해서는 이시노마키의 경우, 대학에 거점과 숙영지를 두었기 때문에 대학 교칙을 준용하여 규율을 유지했다. 그러나 이것은 하나의 실천 예이고 널리 사회적으로 통용되는 룰이 될지는 아직 미지수이다.

서장에서도 서술했듯이 자원봉사자의 활동을 공익활동으로 규정하여 일정의 규율을 가지게 하고, 또 적정 한계를 긋는 작업은 필요하다. 단 그 작업을 재해 자원봉사라는 국면만이 아니라 복지 등 다른 국면에서도 살펴보고 추진해야 한다.

그렇다면 논의의 시안으로 재해지원 자원봉사자 활동의 자세를 어느 정도 원칙으로 정리해 보는 것도 유익할 것이다. 이 경우 서장에서 살펴본 것처럼 적어도 ① 공익활동의 바람직한 태도와 범위를 정하는 기본원칙(자원봉사자와 피해지역의 자치단체 및 사회복지협의회와의 관계에서 지원기간의 확약이나 연계방법을 합의하는 것, 또 자원봉사자와 이재민과의 관계에서 공익적 무상지원활동의 한계), ② 자원봉사자끼리의 자치적 규율(집단생활이나 행동의 규율) 두 종류가 필요할 것이다. 이렇게 경험을 어느 정도 일반화한 룰로 정리하고, 여기에 입각하여 또 경험을 쌓아 점차 사회 일반에 받아들여질 수 있는 룰로 승격시켜 가는 방법이 좋을 것이다. 자원봉사자의 주체적인 규율을 믿고 아래에서부터 나오는 다양하고 구체적인 경험으로 뒷받침된 룰의 축적을 우선시 하는 것이, 다양한 자원봉사자 활동 가능성을 키우는 것이고 사회 잠재력을 살리는 것이라고 생각한다. 그만큼 자원봉사자들은 활동의 공익성을 스스로 확보하려는 주체적인 노력을 하고, 일정한 행동원칙을 시험적으로 정리하여 사회복지협의회나 자치단체 등과 함께 합의 교환하여 사회 전반에 통용되는 공통 합의를 만들어 가도록 노력해야 할 것이다. 정기적인 의견교환의 장은 사회복지협의회(특히 전사협)가 제공할 수 있을 것이다(제3장 참조).

3. '초동제체 가이드라인'— 해결을 위한 전망

방재국가 일본에는 이미 자원봉사, 사회복지협의회, 자치단체(또는 공공기관)의 '협의회형' 3자 연합 조직이라는 훌륭한 실천 예가 있다. 이는 사회복지협의회 자원봉사센터의 자원봉사자 접수, 파견 방식보다도 재해 초동 지원에서 매우 효과적인 성과를 올리고 있다. 3자 '협의회' 방식은 재해규모의 크고 작음에 상관없이 지진, 쓰나미, 홍수 등 각종 자연재해에 응용 가능하다. 게다가 재해지원의 프로급 자원봉사단체부터 '유사시 행동'형 미경험 개인 자원봉사자나 지역민들에 이르기까지 그때그때 임의로 참가와 이탈이 가능한 조직이다. 여기에는 재해지원을 의무로 하는 공공기관부터 자발적으로 관여를 희망하는 개인까지 필요충분한 사람들이 모일 수 있으며, 집중적으로 재해정보나 지원 요구사항 정보를 처리하고 지원 능력과 매칭시켜 지리적 위치와 직무 모두를 고려한 분담으로 지원을 신속하게 전개할 수 있다. 이러한 조직구조는 비교적 단순하다. 그렇다면 현 시점에서 보이는 몇 가지 문제점이나 한계 모두 극복할 수 있는 구체적 방안을 생각할 수 있을까. 여기에 극복할 수 있는 방안이 있다.

앞으로 해야 할 일은 우선 이 훌륭한 실천 예의 골격이 되는 필요최소한의 기본 요령이나 노하우를 단순명쾌한 가이드라인으로 정리해 가는 것이다.

여기에서 하나의 대략적인 안을 이야기하자면, 예를 들면 이런 식이다.

① 재해 발생 직후, 자치단체는 재해대책본부를 설치한다.

- 자치단체 재해대책본부는 곧바로 재해 자원봉사단체(방재 협정을 맺고 있는 단체를 우선)와 사회복지협의회에 3자 '협의회'의 발족을 위한 협력을 요청한다.
- 자치단체 재해대책본부는 '협의회'의 거점을 선정하고, 토지의 권리를 가진 사람 등에게 협력을 요청한다.
- 자치단체 재해대책본부는 피해지역의 요구사항 정보와 자원봉사 정보의 수집, 정리, 공유, 발신을 행하는 정보처리 전문 자원봉사단체를 자치단체 웹사이트의 재해 페이지에서 공모한다(접속 쇄도가 예상될 때는 자주적으로 미러사이트를 둔다. 광역재해의 경우는 피해지역 현의 재해대책본부에 각 자치단체 재해 페이지의 미러사이트를 둔다. 복수의 현이 피해지역이 되었을 때는 국가의 적절한 부서에 각 현의 재해 미러사이트의 미러사이트를 둔다).
- 대재해로 자치단체가 괴멸했을 때는 위의 사항을 현의 재해대책본부가 대행한다.

② 정보처리 자원봉사단체는 자주적으로 선택한 피해지역 자치단체의 재해대책본부에 협력을 요청한다. 협력단체를 구한 자치단체는 모집을 그만두고, 정보처리 자원봉사단체에 작업을 맡긴다.

③ 재해발생 후 3일까지를 목표로 하여 '협의회'를 발족시키고, 정보처리 자원봉사단체의 협력을 얻어 피해지역의 각 '협의회' 별로 홈페이지 등을 개설한다.

- 홈페이지에 자원봉사 접수방법을 공시한다. 단체 자원봉사와 개인 자원봉사의 접수처를 명시한다(단체는 협의회, 개인

은 사회복지협의회와 분담하는 방법도 있고, 협의회에 집중시키는 방법도 있다).

- 홈페이지에 가장 필요로 하는 물자나 요구사항을 우선순위를 붙여 공시한다.
- 이들 공시에는 '협의회'의 공통 서식을 사용하는 것이 좋다. 물자 등의 요구사항 공시용 공통서식이나 자원봉사 접수 통일서식이 평소에 개발되어 있으면 좋다(자원봉사 접수 통일서식은 단체명, 개인명, 동원 가능 인수, 잘 하는 직무나 특기, 제공할 수 있는 기능, 연락처, 체재 가능 일수, 특기사항 등의 항목으로 나누어 '제공할 수 있는 기능'란에는 전형적인 것을 열거해 두고 ○표를 기입하는 식으로 한다. 이와 같은 통일된 서식을 각 '협의회'의 홈페이지에 게시하거나, 아니면 직접 인터넷상에 작성할 수 있는 포맷으로 해 두고 기입하게 한다). 이렇게 하면 정보처리 자원봉사단체도 효율적으로 정보처리를 할 수 있다.

④ 3자 '협의회'에서는 재해발생 시 전형적으로 필요로 하는 직무별 분과회 리스트를 보고(예를 들면 〈표 4-1〉) 현재 발생한 재해에 필요한 분과회를 발족시킨다.

⑤ 3자 '협의회'를 발족시키면서 자치단체, 공공기관, 사회복지협의회, 선견 자원봉사부대 등이 3자 '협의회' 전체회의에 집중할 수 있도록 피해지역의 재해정보나 요구사항 정보를 초기부터 공유하는 것을 목표로 한다.

⑥ 3자 '협의회'가 발족하여 활동을 시작함과 동시에, 비교적 장기간 체재할 수 있는 개인, 단체 자원봉사자가 중심이 되어 단기 체재로 교체가 심한 '유사시 행동'형 개인 자원봉사자의 하루하루 조직화를 도모한다. … 〔이하 생략〕

이상의 아이디어는 훌륭한 것처럼 보이지만, 실제로는 자원봉사자가 전혀 오지 않으면 어떻게 할까 하는 질문이 나올 수 있다. 대답은 간단하다. 그때는 모두가 곤란해진다. 그렇지만 2자 협의회로 시작할 수 있다. 자치단체 등의 공공기관은 법령상 지원·구조의 의무가 있다. 사회복지협의회도 가세해 줄 것이다. 이것은 재해 자원봉사자가 없었던 한신·아와지 대지진 이전의 사회 상태이다. 많은 사람들이 그 상태도 좋다고 생각한다면 어쩔 수 없다. 하지만, 세 번째 주체에 해당하는 자원봉사는 2자 협의회에 언제라도 참가할 수 있고, 참여해서 3자가 되면 지원 능력은 보강된다. 이 질문으로 인해 나올 수 있는 다음 질문은 자원봉사를 중, 장기에 걸쳐 확보하려면 어떻게 하면 좋을까 하는 것이다.

3자 '협의회'의 노하우를 가이드라인으로 정리할 때의 효용은 셀 수 없을 정도로 많다. 이제까지 논했던 효용부터 열거하고, 또 논하지 않았던 것도 덧붙이자면(그렇게 하다 보면 영영 끝나지 않을 수도 있지만) 이렇게 된다.

- '협의회' 발족 시의 인물 의존을 탈피할 수 있다.
- 좋은 실무 노하우가 전수되지 않고 묻히게 되는 사회 손실을 방지할 수 있다.
- 어떤 종류의 자연재해에도 또 어떤 규모의 재해에도 초동 대응을 빠르고 효과적으로 할 수 있게 된다.
- 전국의 모든 자치단체, 사회복지협의회, 자원봉사가 공통의 발상, 공통의 개념, 공통의 용어, 공통의 절차, 공통 혹은 유사

조직형태로 재해 초동에서부터 효율적으로 연계할 수 있다.

- 가이드라인을 평소부터 보급하고 여기에 입각하여 재해지원 훈련을 해 놓으면, 어떤 자치단체든 어떤 지역의 주민들이든 외부인 자원봉사자가 대거 밀려와도 불신감으로 되돌려 보내는 일은 없어진다.
- 평소에는 사회와 별로 접촉하지 않는 개인도 '유사시 행동'형 개인 자원봉사자가 될 수 있게 심리적 문턱이 낮아지고, 따라서 참가하기 쉬워진다.
- 사회복지협의회는 본래 가지고 있는 특장을 살린 역할을 담당할 수 있게 된다.
- 지원 자원봉사가 사회 공익활동이라는 것이 보다 명확해지고, 이재민을 위한 의연금만이 아니라 이재민을 돕는 자원봉사자들을 위한 기부금의 중요성도 지금 이상으로 명확하게 사회에 인식될 것이다.
- 일본의 연계 룰 기본원칙이 알기 쉬워져 외국에서 지원대나 자원봉사단체가 왔을 때에도 지원 연계를 취하기 쉽게 된다.

이와 같이 3자 '협의회형' 조직의 노하우를 가이드라인으로 정리하고, 이것을 모든 자연재해 초동 지원체제의 기본형으로 하여 전국 자치단체, 사회복지협의회, 자원봉사자들에게 널리 보급하면 그 효용은 클 것이다. 이것을 모두가 긴급 재해에 대비한 노하우의 사회 공유 지식 소프트웨어, 즉 연성법(soft law)으로 삼는다면, 어떤 자연재해에도, 누가 일본 전국 어디에 있더라도, 설령 자치단체가 심각하게 타격을 입었다고 해도 공통의 용어와 공통의 방식으로 초동부터 지원의 손길을 내밀 수 있게 된다. 이렇게 해서 대재해의 피해에도 곧바로 다시 일어설 수 있는 '회복 가능한 사회'를 우리들 자신이 키워 갈 수 있는 것이다.

잊을 수 없는 말이 있다. 2011년 3월 11일 지진 발생 후 얼마 지나지 않은 22일, 게센누마시립 하시카미階上중학교 졸업식에서 졸업생 대표 가지와라 유타梶原裕太 군이 낭독한 답사였다. 이 장면은 당일 텔레비전을 통해 보도되었다.

> 하시카미중학교로 말하면 '방재교육'으로 내외에서 높이 평가받고 있었고, 충분한 훈련도 하고 있었던 우리들이었습니다. 하지만 자연의 맹위 앞에서 인간의 힘은 너무나 무력했고, 자연은 우리들에게 중요한 것을 가차 없이 빼앗아 갔습니다. 하늘이 준 시련이라고 하기에는 너무 매정합니다. 괴롭고 원통해서 견딜 수가 없습니다. 〔…〕 생명의 소중함을 알았다고 하기에는 너무 큰 대가였습니다. 그러나 고통 속에 있어도 하늘을 원망하지 않고 운명을 견디며 서로 도와 살아가는 것이 앞으로 우리들이 가져야 할 사명입니다.

《논어》(헌문편憲問編 '하늘을 원망하지 않고, 사람을 탓하지 않는다. 아래에서 배워 위로 통달한다')를 인용한 스토익stoic하며 강한 결의에 넘친 답사는 평소 대학에서 재해대책 관련 연구를 전혀 하고 있지 않던 나를 분발하게 했다. 사회에 도움이 되는 무언가를, 대학인으로서 할 수 있는 무언가를 해야만 했다.

마침 그때쯤 와세다대학이 지진 부흥연구를 위한 조성금을 지원한다는 이야기를 듣고 내가 해야 할 일을 며칠간 진지하게 생각했다. 그리고 지진, 쓰나미, 홍수 등 자연재해 발생 시 초동 지원의 효율을 높이는 방법을 연구하기로 결정했다(후쿠시마 원자력 발전소 재해는 과학기술이 가지는 리스크의 평가 및 전달의 바람직한 방법 등 더욱 어려운 문제를 내포하고 있기 때문에 이번에는 고찰 대상에서 제외했다). 사회에 정착된 자원봉사활동이나 기업의 사회적 책임으로서의 공익활동을 충분히 받아들여 공공기관과 민간 주체가 연계하는 초동 지원체제를 만들고 효율적, 효과적으로 지원을 한다. 이를 위해 기본적인 조직체제와 운영 모델을 가이드라인으로 만들고, 이를 전국 공통의, (규모를 불문하고) 자연재해 공통의 기본형으로 삼으면 어떨까. 즉 사회 공통의 연성법(soft law)을 만들려고 하는 것이다.

이런 아이디어를 강의를 열심히 듣고 있던 법학부 4학년생 후지오카 도오루 군에게 이야기했더니 곧바로 찬성해 주었고, 같은 학년의 아마노 슨 씨와 기모토 준야 군도 데리고 왔다. 이 밖에도 대학원생과 전에 대학원에 몸담고 있던 분들도 협력해 주었고, 2011년 4월에 조성금을 받아(와세다대학 특정과제연구조성, 과제번호 2011A-705), 관민협동 가이드라인 연구그룹(GRP)이 발족되었다. 나는 6월에 이시노마키의 취사팀에 들어갔고, 후지오카 군과 기모토 군은 여름방학 때 조사를 위해 고베에 갔다. 9월에는 세 명의 학생과 히로사키弘前대학의 히노 다쓰야日野辰哉 준교수, 그리고 나까지 모두 다섯 명이 조사를 위해 이시노마키, 도노, 센다이에 갔다. 바쁜 와중에도 면회를 허락해 준 이시노마키 자원봉사 지원 기지 '기즈나', 도노 진심 네트워크, 센다이시 사회복지협의회 관계자 여러분들에게 마음으로부터 감사를 드린다.

이 책은 우리들 연구활동 보고의 전반부이다. 후반부의 가이드라인 작성은 본서를 집필할 때에는 아직 진행 중이었다. 그런 가이드라인을 만드는 것이 필요하고 유익하다는 것을 알리기 위해 이 책을 공동으로 집필하였다. 가이드라인 자체는 후일 새로운 원고로 세상에 내놓고 의견을 묻고 싶다. 출판과 관련해서 와세다대학 출판부의 다케다 후미히코武田文彦 씨에게 신세를 졌다. 감사의 말씀을 드리고 싶다.

2012년 4월
오구마大隈 강당을 바라보며
나카무라 다미오

〈지진재해 이후를 생각하다〉 시리즈 간행에 부치는 와세다대학 출판부의 발간사

2011년 3월 11일 발생한 동일본대지진은 거대 지진과 쓰나미에 원전사고가 복합적으로 작용하여 인간의 상상을 초월하는 피해를 초래하였으며 그 충격은 전 세계를 경악시켰습니다. 이번 재해는 사람들의 사고방식과 행동 그리고 전제가 되는 제도에 대해 되묻는 계기가 되었고, 개인·조직·사회의 모든 면에 걸친 새로운 연구와 지식창조를 요구하는 사건이기도 하였습니다.

이러한 상황 아래, 일본을 대표하는 지적 공동체인 와세다대학에서는 지체 없이 부흥지원을 위한 여러 가지 행동을 취하였고, 동일본대지진 부흥연구 거점을 설립하였습니다. 또한 자원봉사자 파견을 비롯하여 재해 관련 연구와 이를 지원하기 위한 프로젝트를 활발히 전개해 나갔습니다.

와세다대학 출판부는 지식의 창조·보급·보존이라는 대학의 사명을 실현하기 위해 힘을 보태고자, 새로운 시리즈로서 와세다대학 Booklet 〈지진재해 이후를 생각하다〉의 간행에 착수하였습니다. 이 기획은 대진재의 참극을 딛고 일어서야 할 이재민들의 생활과 그들을 지원하는 활동, 그리고 이를 지지하는 연구 속에서 새로운 지식의 탄생을 모색하여, 그것을 관찰→분석→설명→행동…의 모든 단계에서 가능한 한 실시간으로 널리 사회에 제공하고자 하는 것입니다.

지식창조에는 완성이라는 것이 없고 늘 다음 단계의 과제를 향하게 마련입니다. 그런 까닭에 이 시리즈는 잡지의 기동성과 서적의 체계성을 겸비한 경쾌한 소책자 형태를 선택하였습니다. 또, 전문가와 실무자·시민·학생 등 각 계층이 읽기 쉽도록 편집하였고, 아울러 와세다대학이 포함하는 광대한 분야에 걸맞게 여러 가지 영역의 연구·지원 활동의 성과가 수록되었습니다. 후일 재해 극복과 부흥의 이야기들이 기쁨으로 회자될 때, 우리는 이러한 업적이 축적되어 크나큰 지식으로 가득 찬 백과사전으로서 많은 사람들에게 읽히기를 기대합니다.

부디 이 프로젝트에 독자로서, 그리고 저자로서, 참가해 주시기를 부탁드립니다.

2011년 11월
와세다대학 출판부

■ 나카무라 다미오中村民雄 (전체 집필, 편집)
와세다대학 법학학술원 교수

■ 후지오카 도오루藤岡暢 (제1장 공동집필)
와세다대학 법학부 4학년(집필 시. 2012년 3월 졸업)

■ 아마노 슨天野晟 (제2장 공동집필)
와세다대학 법학부 4학년(집필 시. 2012년 3월 졸업)

■ 기모토 준야木本純也 (제3장 공동집필)
와세다대학 법학부 4학년(집필 시. 2012년 3월 졸업)

홍윤표

현 성신여자대학교 일어일문학과 조교수. 고려대학교 일어일문학과 졸업. 쓰쿠바대학筑波大学 인문사회과학연구과 문예·언어전공 박사. 일본근현대문학·전후일본문화 전공. 역서로 《전후일본의 사상공간》(공역/어문학사, 2010)과 다수의 논문을 발표.

동일본대지진과 핵재난—와세다 리포트 8

빠르고 적절한
구조와 지원을 위하여

초판발행 1쇄 2013년 3월 11일

편저자 나카무라 다미오
옮긴이 홍윤표
펴낸곳 고려대학교출판부
www.kupress.com
kupress@korea.ac.kr
136-701 서울특별시 성북구 안암로 145
02-3290-4230, 4232
Fax 923-6311
찍은곳 내일기획

ISBN 978-89-7641-808-1 04330
ISBN 978-89-7641-800-5 (세트)

값 8,000원
* 잘못 만들어진 책은 바꿔드립니다.